# Moldando as Percepções de Justiça

## Aspectos cognitivos e afetivos através de uma abordagem da economia comportamental e institucional evolucionária

### OZ IAZDI

# Conteúdo

# Prólogo

Caro leitor, o presente livro é resultado direto do esforço de pesquisa realizado durante o meu período de doutoramento em ciências econômicas na Unicamp. Diante disso, cabe alguns alertas. O texto aqui presente não se exime de seu teor acadêmico, o que pode trazer alguma dificuldade para o leitor menos acostumado com esse tipo de leitura. Cabe alertar, também, que há algumas citações em inglês, o que pode comprometer a compreensão dessas passagens para aqueles que não possuem algum domínio dessa língua. Finalmente, embora não seja um pré-requisito para o entendimento do texto, um conhecimento básico de teoria econômica certamente facilitará a compreensão do conteúdo aqui exposto.

Em face desses possíveis contratempos, este livro pretende explorar um tema de importância e profundidade fascinantes, e que ultrapassa barreiras disciplinares: nossas percepções sobre aquilo que consideramos justo. Particularmente, toma-se como ponto de partida as limitações da teoria econômica neoclássica e dos seus pressupostos utilitaristas na explicação de como os indivíduos formam suas percepções de justiça, e como essas percepções influenciam seus pensamentos e comportamentos. Adotando as contribuições da economia comportamental, da economia institucional evolucionária e da psicologia social cognitiva, busca-se construir um quadro teórico que permita incorporar tanto os elementos cognitivos quanto afetivos que influenciam esse tipo de percepção. Adicionalmente, ressalta-se a tentativa de integrar as influências que sofremos das instituições e do ambiente físico em que estamos inseridos, sendo esses elementos muitas vezes ignorados pela literatura especializada.

1

A discussão é ampla e desafiadora, mas também pode ser recompensadora ao fornecer novos elementos para se pensar sobre justiça.

Boa leitura!

# Introdução

A economia como disciplina (ciências econômicas) possui diversas ramificações temáticas e vertentes de pensamento. É possível estudar desde o comportamento dos consumidores e das empresas na microeconomia até os determinantes do crescimento e do nível de emprego na macroeconomia. Da mesma forma que há uma grande diversidade de recortes temáticos, pode-se tentar explicar os fenômenos econômicos através de distintas metodologias e pressupostos, dando origem a um universo teórico amplo dentro da disciplina e estabelecendo uma miríade de diferentes escolas de pensamento econômico. Seja como for, um dos pontos mais relevantes dentro do não exaustivo conjunto de temas e vertentes de pensamento que constituem a ciência econômica é o interesse em entender melhor o ser humano e o funcionamento da sociedade. Sendo assim, a principal preocupação dos economistas ao formular uma teoria deve ser (ou, pelo menos, deveria ser) o modo como essa teoria dialoga com a realidade de uma sociedade específica e o quanto ela permite compreender e explicar determinados fenômenos sociais.

Partindo desse princípio, espera-se que a teoria econômica seja erigida sobre pressupostos razoáveis e que busquem refletir a realidade. Embora sempre sejam esperadas algumas simplificações teóricas devido à complexidade dos fenômenos sociais, deve-se atentar para que elas não distorçam a realidade no intuito único de facilitar o tratamento analítico matemático.

Dois pressupostos que amparam há muito tempo os modelos teóricos da vertente neoclássica da teoria econômica (que constitui uma grande parcela da *mainstream economics[1]*) são a racionalidade perfeita e a maximização de utilidade. Embora esses pressupostos sejam, ainda hoje, um pilar central para a teoria econômica, é possível destacar, desde a década de 1980, uma crescente contribuição na literatura que questiona e relativiza o poder que esses pressupostos têm para representar o ser humano em decisões econômicas e sociais. Em particular, desde essa década, alguns economistas[2] vêm tentando entender o quão relevante são as percepções de justiça das pessoas, no intuito de incorporar essas percepções na teoria e, consequentemente, explicar melhor os pensamentos e comportamentos dos agentes econômicos. Essa é uma agenda de pesquisa promissora, visto que intenta adicionar elementos que busquem corrigir ou, ao menos, suavizar os problemas de distorção da realidade econômica observada, que são acarretados pela concepção de uma representação geral do ser humano em que ele se configura como um agente perfeitamente racional e estritamente egoísta, no sentido de

---

[1] Dequech (2007) conceitua *mainstream economics* como aquilo ensinado nas universidades de maior prestígio, publicado nas principais revistas, que recebe recursos das fundações de pesquisa mais importantes e que ganha os prêmios de maior prestígio.

[2] Não apenas economistas, mas também profissionais de outras áreas (e.g. filósofos, cientistas sociais, psicólogos) se interessam e pesquisam sobre o assunto, embora o período pelo qual se começou a dar uma maior relevância ao tema ou pelo qual se alcançaram avanços teóricos relevantes varie entre as disciplinas. De todo modo, pode-se afirmar que a incorporação dessa agenda de pesquisa dentro da literatura econômica a partir da década de 1980 é mais recente do que a incorporação nas outras áreas. Destacam-se, por exemplo, os trabalhos pioneiros de Güth et al. (1982) e Kahneman et al. (1986), que contribuíram, inclusive, para render a dois dos autores desse último trabalho, Daniel Kahneman e Richard Thaler, o Prêmio Nobel em Ciências Econômicas de 2002 e 2017, respectivamente.

que sempre busca maximizar sua utilidade visando o interesse material próprio[3].

Apesar da relevância dessa agenda de pesquisa, diversos motivos fazem com que a vertente neoclássica da teoria não incorpore e consolide em seus modelos teóricos a percepção e influência que as questões relativas à justiça têm sobre os indivíduos e a sociedade. Um primeiro motivo é que os autores geralmente pressupõem que os agentes possuem uma preferência estável sobre a distribuição final dos bens, além de não considerarem relevantes as reações desses agentes quanto ao tipo de processo de decisão (e.g. voto democrático ou decisão ditatorial) e ao comportamento e tratamento em si das outras pessoas (embora possam considerar relevante os resultados desses processos e comportamentos). Isso já impõe um obstáculo no próprio entendimento de *justiça* como um conceito multidimensional, que pode englobar não apenas as percepções de justiça distributiva, mas também procedimental e interacional. Isso significa que o indivíduo se preocupa tanto com a justiça em relação à uma distribuição de bens quanto com a justiça em relação aos processos pelos quais se decide algo e, também, a justiça em relação ao tratamento que se recebe de terceiros. Essa multidimensionalidade das percepções e julgamentos de justiça só passaram a ser incorporados mais contundentemente na literatura através dos trabalhos de justiça organizacional[4], embora esses conceitos não se limitem apenas às situações ou relações que ocorrem

---

[3] O pressuposto do egoísmo estrito, ou o que Sen (1985) chama de *self-welfare goal*, pode ser relaxado no quadro teórico utilitarista, embora, em última instância, o indivíduo continue almejando maximizar sua própria utilidade. Sobre isso, ver a discussão no Capítulo 1 sobre os conceitos de simpatia e comprometimento introduzidos por Sen (1977).

[4] Para uma revisão abrangente dessa literatura, ver Cropanzano et al. (2001).

dentro do ambiente corporativo, tornando-se conceitos centrais na teoria que será desenvolvida aqui neste livro.

Uma segunda razão é que esses modelos desconsideram a importância das expectativas empíricas e, principalmente, normativas. Ainda que levem em consideração as crenças dos agentes, esse é um tipo de expectativa que surge em situações de incerteza fraca, onde se pressupõe que os indivíduos têm a capacidade de elaborar um vetor de probabilidades para determinar todo tipo de contingência futura, quando, em situações de interações sociais mais intricadas, é comum se observar tipos de incerteza mais forte, devido à complexidade das informações do ambiente, às limitações cognitivas da racionalidade e à incapacidade de prever probabilisticamente o futuro. As diferenças entre as expectativas empíricas, normativas e as crenças serão discutidas mais pormenorizadamente no Capítulo 2, bem como os tipos de incerteza.

Assim como as expectativas são postas de lado, uma terceira razão é que os modelos neoclássicos também desconsideram, geralmente, a influência das emoções. Como será discutido no Capítulo 4, o fator emocional vai contra o pressuposto fundamental da racionalidade axiomática e da maximização de utilidade, visto que se considera que os indivíduos não agem por impulsos afetivos. Ainda assim, há tentativas de introduzir esse elemento nos modelos de otimização utilitarista, como em Hirshleifer (1993) e Ruffle (1999), embora sejam contribuições muito aquém do que se poderia alcançar como modelos descritivos da realidade se os pressupostos neoclássicos fossem relaxados.

Um quarto motivo é que as instituições costumam ser entendidas apenas como uma restrição nos modelos teóricos, deixando de lado as demais influências que elas têm sobre os indivíduos e a sociedade. Finalmente, um quinto motivo é que há uma dificuldade inerente de se abordar esse tema apenas com os conceitos e metodologias contidos na "caixa de ferramentas" da economia ortodoxa, sendo necessária uma abordagem mais ampla, na qual é fundamental a presença de uma interdisciplinaridade entre as ciências econômicas e outras áreas do conhecimento, com grande destaque para as ciências cognitivas. A economia comportamental e experimental são exemplos de vertentes dentro da disciplina que tentam promover uma maior interdisciplinaridade entre as ciências econômicas e outras áreas do conhecimento – com destaque para a psicologia -, apresentando contribuições que são essenciais para o entendimento das percepções de justiça. Ainda assim, o desenvolvimento teórico normativo dessas vertentes ao longo dos anos não proporcionou uma grande quebra de paradigma, ao menos no que diz respeito a uma concepção do que é entendido por racionalidade. Assim, na última década, o desenvolvimento de trabalhos com conceitos como "arquitetura de decisão" e "*nudges*" têm se fundamentado na concepção de correção de erros e vieses de comportamento, de forma a tentar condicionar as ações dos indivíduos ao que é visto como racional sob uma ótica axiomática[5]. Contudo, como será argumentado ao longo deste texto, adota-se aqui uma concepção de racionalidade limitada e ecológica, condizente com a interação complexa entre os indivíduos e o ambiente físico e institucional no qual ele está inserido. De todo modo, este livro contribui para aliviar algumas das tensões que porventura possam existir entre diferentes vertentes da economia, mostrando que, em alguns pontos, uma vertente pode se aproveitar das contribuições de outra para melhor explicar os fenômenos econômicos e sociais, principalmente aqueles relacionados à justiça.

Para ilustrar como as percepções de justiça podem ser relevantes no comportamento dos agentes econômicos e até

---

[5] Um bom exemplo disso é o trabalho de Thaler e Sunstein (2008).

mesmo contradizer alguns resultados esperados por uma parte da Teoria dos Jogos[6], pode-se citar o exemplo do Jogo do Ultimato. A forma mais simples desse jogo consiste em um jogo finito de informação completa com dois jogadores e dois estágios. Assim, dada uma quantia $Q$ de um bem específico ou de dinheiro, o jogador $A$ deve escolher uma quantia $p$ para fornecer ao jogador $B$. Se $B$ aceitar, as recompensas serão: $A$ recebe $Q - p$; $B$ recebe $p$. Se $B$ recusar, ambos não recebem nada. Formalmente, as estratégias serão:

- Jogador $A$: escolher $p \in [0, Q]$.
- Jogador $B$: escolher uma resposta $r(p) = \{$"aceitar", $rejeitar$"$\}$.

Esse jogo apresenta apenas um único perfil de estratégias $(p.r(p))$ que será um equilíbrio de Nash perfeito em subjogos[7]: $p = \varepsilon$, onde $\varepsilon$ será o mínimo valor positivo que $A$ consegue ofertar a $B$, e $r(p) = aceitar$. Dessa forma, ambos receberão uma quantia positiva e não possuem, unilateralmente, nenhum incentivo para desviar de suas ações. Por trás dessa solução, pressupõe-se que $A$ e $B$ são racionais ao buscarem maximizar suas utilidades (sendo essa racionalidade conhecimento comum) e levarem em consideração apenas seus próprios ganhos materiais, como geralmente é especificado nas funções de utilidade dos jogadores. Assim, $B$ sempre optará por escolher uma quantia maior do que zero e $A$, sabendo disso, antecipará a decisão de $B$ e ofertará a menor quantia positiva possível.

---

[6] Área da matemática aplicada amplamente incorporada às ciências econômicas, fundamentada, em sua abordagem tradicional, em pressupostos da ortodoxia neoclássica.

[7] Para uma definição formal do equilíbrio de Nash perfeito em subjogos, ver Gibbons (1992).

Embora esse equilíbrio seja eficiente e bem sustentado pelos pressupostos subjacentes, as evidências experimentais mostram que, na realidade, os indivíduos não jogam o jogo dessa forma, sendo que o indivíduo $B$, geralmente, rejeita as propostas muito baixas (geralmente, menores do que 20% da quantia total a ser dividida) e $A$, antecipando isso de alguma forma ou agindo por outras motivações, também não oferta quantias muito baixas (ofertas médias de 40% a 50% do valor total em experimentos feitos em sociedades ocidentais desenvolvidas). O motivo principal de se observar tal padrão é que as pessoas levam em consideração suas percepções em relação à *justiça* ao tomarem suas decisões, ainda que possam incorrer em custos materiais próprios (Güth et al., 1982; Roth et al., 1991; Henrich et al., 2001).

No entanto, ainda que o *framework* da teoria dos jogos e dos experimentos com jogos comportamentais reflita algumas evidências sobre a importância de justiça no comportamento dos agentes econômicos, há inúmeros elementos e argumentos que podem explicar como se formam e se alteram essas percepções de justiça, de forma que não há um consenso ou um modelo teórico mais geral que procure fornecer uma estrutura lógica que permita relacionar e compreender os inúmeros fatos estilizados encontrados até então. No caso do Jogo do Ultimato, por exemplo, pode-se explicar o comportamento encontrado nos experimentos através da influência de diversos fatores como: a presença de uma preferência social por evitar uma elevada desigualdade distributiva (Fehr e Schmidt, 1999); o desejo de agir em conformidade com as expectativas que a sociedade, em geral, espera do indivíduo em tal situação (Bicchieri, 2006); o surgimento de emoções como a raiva e o desprezo (Pillutla e Murnighan, 1996). Todos esses elementos podem contribuir de algum modo para a construção das percepções de justiça dos indivíduos e, a priori, a relevância de cada um deles não pode ser descartada. Contudo, essas contribuições permanecem pontuais e isoladas dentro da literatura sobre o tema, de forma que não há uma estrutura que permita entender como esses elementos interagem e se inserem em um quadro mais geral de justiça.

Diante disso, o objetivo deste livro é, justamente, construir um modelo teórico que dê conta de sintetizar e relacionar os conceitos e as evidências experimentais relativas à justiça que foram expostas dentro da literatura, mas que, até o momento, permanecem como contribuições esparsas e desconexas. Particularmente, esse modelo – chamado, daqui por diante, de **Esquema Circular Geral (ECG)** - procura levar em consideração na sua estrutura os diversos fatores que influenciam na formação da percepção de justiça dos indivíduos: as preferências sociais, as expectativas e as emoções. Ressalta-se que, para alcançar esse objetivo, considera-se, também, a importância do contexto e das instituições[8] como parte integrante do meio social e econômico. Isso significa que o poder de influência das convenções e normas de justiça sobre os indivíduos - e a influência que os próprios indivíduos exercem sobre as instituições de justiça - são extremamente relevantes na estrutura do ECG, bem como o reconhecimento de que os estímulos do ambiente, como a presença de efeitos de enquadramento[9], podem alterar a percepção de justiça das pessoas. Salienta-se que a construção do ECG e a abordagem

---

[8] Por contexto (ou ambiente), entende-se as diferentes possibilidades de estímulos ao redor de uma pessoa (e.g. o local, o período e a situação em que ocorre uma determinada ação). Já uma instituição, de acordo com Dequech (2013), é um sistema socialmente compartilhado de regras de comportamento ou pensamento que possuem uma recorrência ao longo do tempo.

[9] De acordo com Kahneman (2012), efeito de enquadramento é um tipo de viés do sistema cognitivo no qual a interpretação (e o consequente comportamento ou pensamento) de um problema/estímulo varia de acordo com a apresentação desse problema/estímulo.

de justiça exposta aqui serão erigidas sobre as concepções ontológicas e epistemológicas arraigadas na linha da economia evolucionária, particularmente, da vertente naturalista, permitindo a elaboração de um processo que pode se fortalecer ou se alterar ao longo do tempo. Segundo Frey e Bohnet (1995, p.286) "fairness is not an absolute value existing and being pursued independently of social conditions. Rather, the extent of justiça exhibited systematically depends on institutions shaping the perceptions and possibilities of behaviour"[10].

Como se trata de um processo complexo e com diversas questões que ainda não possuem respostas definitivas na literatura, a tentativa de estruturar de forma lógica esse debate é um esforço necessário para o avanço da discussão e de um melhor entendimento da relação entre o comportamento e o pensamento dos agentes econômicos e o ambiente institucional. Assim, parte-se de uma revisão da literatura sobre justiça que tem como base as inúmeras evidências advindas de diversos jogos econômicos testados em experimentos comportamentais. Além do recorte teórico baseado nas contribuições da economia institucional, economia comportamental e experimental, a construção do ECG também se sustenta, como mencionado anteriormente, sobre os fundamentos ontológicos e epistemológicos da economia evolucionária. Dentre esses fundamentos, destaca-se uma premissa central: a mente importa e é uma força autônoma no processo econômico (Herrmann-Pillath, 2001). Atenta-se, então, pela necessidade de se realizar uma abordagem multidisciplinar, onde se utilizam, ao longo do livro, algumas contribuições da Psicologia Social Cognitiva e, em menor medida, de outras áreas das Ciências Sociais e até mesmo alguns resultados de experimentos com imagens por ressonância magnética de estudos neurológicos, que ajudam a

---

[10] Não só moldam as possibilidades e percepções de comportamento, mas de pensamento também, como argumentado ao longo deste livro.

entender como se constituem o comportamento e o pensamento dos indivíduos através de diferentes processos cognitivos e emocionais. Esse tipo de abordagem serve como um alicerce para sustentar e consolidar as proposições teóricas e evidências empíricas discutidas ao longo do texto, ressaltando a complexidade pela qual os indivíduos constroem suas percepções de justiça e se comportam de acordo com elas. Como um subproduto desse tipo de abordagem, este livro também fornece uma contribuição teórica adicional ao apresentar alguns pontos de interseção entre diferentes linhas de pensamento ou áreas dentro da própria ciência econômica, aliviando possíveis tensões existentes entre elas.

Além desta breve introdução, o livro está organizado em 6 capítulos. No Capítulo 1, argumenta-se que as normas e convenções de justiça estão inseridas em um processo evolucionário, de tal forma que a análise desse tema deve partir de fundamentos ontológicos e epistemológicos condizentes com uma visão de que a mente e o ambiente são partes da realidade, bem como de que as construções teóricas devem se basear em constatações dessa realidade e não meramente em axiomas definidos *a priori* e que excluem qualquer tipo de consideração moral, como é de praxe nos modelos neoclássicos. Coloca-se em pauta a importância de entender a racionalidade humana como limitada e ecológica. Partindo-se desses fundamentos, nota-se que as regras de comportamento e pensamento socialmente compartilhadas são relativamente estáveis, mas, ainda assim, estão sujeitas a mudanças ao longo do tempo. No entanto, considerando-se o curto e médio prazo como definidos por Binmore e Samuelson (1994), o desafio deste livro se limita a analisar os mecanismos pelos quais uma determinada instituição de justiça é selecionada (ou não) pelos indivíduos, dada a grande variedade de respostas comportamentais em relação ao que consideram como sendo justo em diversas contingências. Assim, também é apresentado nesse capítulo um *Esquema Circular Geral (ECG)* que contém os elementos e processos pelos quais as pessoas percebem, selecionam, são influenciadas e, por fim, influenciam as instituições de justiça. Os quatro capítulos seguintes procuram detalhar e explicar os componentes desse esquema.

O Capítulo 2 aborda o funcionamento do *processamento cognitivo*, sistema esse que contribui para a formação das expectativas, crenças, preferências e até mesmo das emoções. São explicados como ocorre a atenção aos estímulos do ambiente, como as informações são categorizadas e qual o papel dos *schemas* e *scripts* no processamento cognitivo. Adicionalmente, discute-se as influências das crenças e expectativas sobre a percepção de justiça e sobre os pensamentos e comportamentos subsequentes. Esses fatores são importantes pois há a presença constante de *incerteza* na maioria das análises e situações sociais mais relevantes, sendo que essa incerteza pode ser categorizada em diferentes tipos, como a incerteza probabilística (risco), a incerteza procedimental (complexidade da realidade) e a incerteza fundamental (na qual o futuro não pode ser antecipado por uma estimativa probabilística confiável). No que diz respeito às expectativas, elas podem ser classificadas como *expectativas empíricas ou normativas*, sendo que essa última apresenta um caráter de "dever" ao que se espera de um comportamento em determinada situação. Assumir que as expectativas e crenças de um indivíduo em relação às intenções e atitudes de outra pessoa é um fator fundamental para determinar seu comportamento e pensamento abre espaço para um tipo de justiça específica que é apresentada nesse capítulo: a *justiça interacional*, definida pela percepção de *justiça* no tratamento que uma pessoa tem em relação à outra. Somando-se a isso, o indivíduo também apresenta uma preocupação com a justiça dos procedimentos e métodos de decisão ou escolha, formando expectativas em relação à *justiça procedimental*. Assim, as questões relativas à justiça são abordadas, desde o princípio, não apenas sob o foco da *justiça distributiva*, que é, geralmente, o ponto central dos estudos sobre o tema, mas também sob o foco da justiça interacional e procedimental. Por fim, nesse capítulo também são discutidas a importância da coordenação das expectativas, a influência das crenças sobre o valor do próprio bem na percepção de justiça e o papel fundamental das expectativas na argumentação de que as normas distributivas são sociais e não pessoais. Isso implica que as percepções de justiça variam de acordo com a cultura de cada sociedade, sendo que esse traço cultural já pode ser observado em crianças da idade mais tenra.

O Capítulo 3 discute a influência das *preferências sociais* sobre a percepção de justiça. Destaca-se a influência da aversão à desigualdade, do altruísmo, a importância da reciprocidade e da cooperação, bem como a necessidade de entender que as preferências são condicionais, isso é, são endógenas e mutáveis aos processos sociais. Além disso, dá-se um enfoque a alguns estudos que mostram a importância de levar em consideração as preferências que os indivíduos têm por procedimentos vistos como mais justos, nos quais os indivíduos sentem que têm algum tipo de voz, autonomia, controle e conexão com as pessoas de sua sociedade.

No Capítulo 4, é apresentado todo o esquema de funcionamento do *processamento afetivo* e suas relações com o sistema cognitivo. De modo geral, o processamento afetivo é dividido em três níveis distintos: *motor sensorial, esquemático e conceitual.* As emoções, então, são trazidas à tona pelo funcionamento de diferentes tipos de *checagens de avaliação dos estímulos do ambiente (SECs).* Na sequência, aborda-se a influência das emoções sobre o comportamento e o pensamento dos indivíduos no que se refere às percepções de justiça distributiva, procedimental e interacional. A busca por sentimentos positivos ou a tentativa de evitar sentimentos negativos explicam uma parte do comportamento das pessoas em diversas ocasiões. Apesar disso, são fatores desconsiderados na maioria dos estudos econômicos e sociais. Experimentos de laboratório, questionários e até mesmo estudos com imagens de ressonância magnética confirmam a importância das emoções em diversas decisões econômicas. Verifica-se que não apenas as emoções experimentadas importam, mas até mesmo a antecipação de uma emoção pode contribuir para uma mudança de comportamento. O capítulo também explora as relações entre as emoções e os outros fatores centrais do ECG, isso é, as preferências, expectativas e crenças.

O Capítulo 5 discute em que medida os pensamentos e comportamentos se dão de maneira consciente ou não, além de apresentar os motivos para a conformidade (ou não) das pessoas com as instituições de justiça. Argumenta-se que existem duas rotas (ou sistemas) que determinam o modo de pensar e agir: a *Rota Heurística (ou Sistema 1)* e a *Rota Deliberacional (ou Sistema 2)*. Cada uma dessas rotas apresenta características particulares e funcionam de acordo com a tarefa exigida, demandando mais ou menos energia do processamento cognitivo. Como resultado final de todo esse processamento cognitivo, afetivo e das influências das preferências, expectativas e emoções, os indivíduos pensam ou se comportam em conformidade (ou não) com as instituições vigentes. Também são apresentados dois estudos sobre percepções de desigualdade que utilizam entrevistas e *surveys* em que é possível ilustrar, na prática, como diversos dos elementos apresentados no ECG permitem entender a formação das percepções de justiça das pessoas fora do ambiente de laboratório.

Por fim, são tecidas algumas considerações sobre os tópicos abordados ao longo do livro, buscando ressaltar sua tentativa de contribuição teórica e apontando alguns possíveis desdobramentos para pesquisas futuras.

# Capítulo 1: Justiça e o Processo Evolucionário

## 1.1 Aspectos críticos dos axiomas neoclássicos

Antes de dar início a uma investigação mais pormenorizada sobre o processo pelo qual as pessoas formam suas percepções de justiça e influenciam ou são influenciadas pelas normas e convenções de justiça, entende-se que é necessário levantar alguns pontos críticos no que concerne à validade da utilização ubíqua de alguns conceitos e definições empregados na teoria neoclássica e que não são plenamente compatíveis ou que apresentam limitações relevantes com os pontos que serão desenvolvidos ao longo deste livro, principalmente no que diz respeito à dimensão social e moral desses conceitos, algo de extrema importância quando se pretende tratar da formação das percepções de justiça dos agentes econômicos. Dentre esses conceitos e axiomas, a preferência revelada através das escolhas, a maximização de utilidade e a consequente construção de uma racionalidade perfeita merecem um olhar mais atento e crítico por parte dos economistas.

A teoria neoclássica se baseia na concepção de que os indivíduos revelam suas preferências através de escolhas entre diferentes cestas de bens ou ações. Portanto, se um indivíduo escolher uma cesta $x$ em detrimento de uma cesta $y$, ele estará revelando sua preferência por $x$ em relação a $y$, e segue fazendo o mesmo tipo de comparação com todos os elementos do conjunto de bens ou ações. Consequentemente, sua utilidade pessoal será definida como a representação numérica que ordena essas preferências, o que leva diretamente a um procedimento de maximização dessa função de utilidade. A racionalidade, por sua vez, geralmente é definida como a verificação da consistência das escolhas, ou seja, o indivíduo sempre respeitará a ordenação de preferência de suas cestas de bens ou ações. A preferência revelada e a racionalidade axiomática nas quais se baseiam a teoria neoclássica não implica, necessariamente, na concepção de um indivíduo estritamente egoísta, visto que sua função de utilidade pode ser em parte ou, em um caso extremo, completamente altruísta. No entanto, a estrutura desse tipo de formulação teórica se baseia na ideia de que a única forma de entender as reais preferências de uma pessoa é através das suas escolhas observadas, não havendo nenhum modo de compreender a atitude do indivíduo em relação às alternativas que seja independente dessas escolhas. Além disso, mesmo que se preocupe com o bem-estar alheio, faz isso, em última instância, apenas para aumentar sua própria utilidade, sem levar em consideração possíveis questões morais subjacentes (Sen, 1977, 1985).

Diante dessa limitação, Sen (1977) propõe uma diferenciação entre o que chama de *simpatia* e *comprometimento*:

> As we consider departures from "unsympathetic isolation abstractly assumed in Economics," to use Edgeworth's words, we must distinguish between two separate concepts: (i) sympathy and (ii) commitment. The former corresponds to the case in which the concern for others directly affects one's own welfare. If the knowledge of torture of others makes you sick, it is a case of sympathy; if it does not make you feel personally worse off, but you think it is wrong and you are ready to do something to stop it, it is a case of commitment. I do not wish to claim that the words chosen have any very great merit, but the distinction is, I think, important. It can be argued that behavior based on sympathy is in an important sense egoistic, for one is oneself pleased at others' pleasure and pained at others' pain, and the pursuit of one's own utility may thus be helped by sympathetic action. It is action

based on commitment rather than sympathy which would be non-egoistic in this sense. Sympathy is, in some ways, an easier concept to analyze than commitment. When a person's sense of well-being is psychologically dependent on someone else's welfare, it is a case of sympathy; other things given, the awareness of the increase in the welfare of the other person then makes this person directly better off. (…) While sympathy relates similar things to each other - namely, welfares of different persons - commitment relates choice to anticipated levels of welfare. One way of defining commitment is in terms of a person choosing an act that he believes will yield a lower level of personal welfare to him than an alternative that is also available to him. Notice that the comparison is between anticipated welfare levels, and therefore this definition of commitment excludes acts that go against self-interest resulting purely from a failure to foresee consequences. (SEN, 1977, p.327)

Uma dificuldade adicional apontada por Sen é quando a escolha de uma pessoa coincide com a maximização de seu bem-estar antecipado, mas a maximização não é a razão *per se* dessa escolha. Nesse caso, é necessário ampliar a definição de "comprometimento" para incluir as situações em que a escolha do indivíduo, enquanto maximiza o bem-estar antecipado dele, não seria alterada sob pelo menos uma condição contrafactual na qual essa escolha pararia de maximizar seu bem-estar pessoal.

Seja como for, enquanto o conceito de simpatia é compatível com os modelos neoclássicos, a noção de comprometimento envolve uma escolha que pode ir contra a preferência revelada, o que requer uma revisão dos modelos e do conceito axiomático de racionalidade. Se a racionalidade for definida simplesmente pela observação da consistência das escolhas, Sen afirma que essa definição possui três características básicas: julga os atos apenas pelas consequências; é uma abordagem de avaliação de atos ao invés de regras; as únicas consequências consideradas ao avaliar os atos são aquelas de interesse próprio. Uma ação baseada em comprometimento pode violar qualquer uma dessas três características. Segundo Sen (1977, p.342), "Sometimes the lack of personal gain in particular *acts* is accepted by considering the value of *rules* of behavior".

Esse conceito de comprometimento se torna não apenas compatível com o aparato de influência cíclica das instituições de justiça que será proposto aqui, mas também fundamental para teorias futuras que tentem compreender ou explicar o valor das regras de comportamento e pensamento socialmente compartilhadas. Esse conceito dialoga com as influências institucionais e os motivos para a conformidade apontados mais adiante no Capítulo 5 e que, geralmente, são ignorados em diversos estudos econômicos. Por exemplo, a legitimidade ou moralidade de uma norma de justiça ou mesmo a presença de expectativas normativas podem fazer com que os indivíduos se comportem de acordo com uma regra, ainda que esse comportamento vá contra à noção de maximização de sua utilidade. Essa dimensão institucional e moral trazida pelo conceito de comprometimento também é compatível com a ontologia e epistemologia da economia evolucionária que fundamentam o ECG e que serão apresentadas na seção seguinte.

Ainda que se faça uma crítica à inexistência das camadas morais dentro dos modelos utilitaristas, é possível encontrar algumas tentativas de "corrigir" esse problema sem abandonar os axiomas neoclássicos, como o modelo de Dowell et al. (1998). Contudo, é possível notar que a noção de moralidade proposta pelos autores não consegue se afastar do conceito de simpatia definido por Sen (1977). No modelo, assume-se que os atos morais entram diretamente na função de utilidade dos indivíduos como uma variável binária ($H$), não havendo um *trade-off* contínuo entre $H$ e o conjunto de bens $(X_1, X_2, \dots, X_n)$:

$$U = U(X_1, X_2, \dots, X_n, H)$$

Essa especificação da função indica que a utilidade do indivíduo é maior para qualquer combinação de $X_i$ caso o indivíduo se comporte moralmente ($H = 1$). Além disso, o modelo também considera que a própria restrição orçamentária é uma função de $H$, significando que os atos morais podem ter alguma consequência negativa para a renda ou riqueza do indivíduo. Sendo $P_i$ o preço do bem $X_i$, a restrição orçamentária será:

$$W(H) = P_1 X_1 + P_2 X_2 + \dots + P_n X_n, \qquad sendo\ W(1) \leq W(0)$$

A maximização desse tipo de função de utilidade levando em consideração a restrição orçamentária acima mostra que não é possível entender as considerações morais como comprometimento nesse tipo de abordagem. O indivíduo nunca escolherá uma ação que lhe forneça um nível de utilidade menor do que uma opção alternativa, pois $H$ entra direto na função de utilidade e, através da maximização dessa função, a moralidade só pode ser compatível com o conceito de simpatia. Portanto, apesar de ser uma tentativa louvável de "humanizar" os indivíduos, a contribuição de Dowell et al. (1998) não consegue chegar a resultados diferentes de outros modelos que também partem dos axiomas neoclássicos, pois a decisão de tomar atitudes moralmente aceitas só ocorrerá porque o indivíduo ainda assim estará maximizando seu próprio bem-estar.

Na mesma linha de Sen, Kaufman (2006) coloca em discussão o protagonismo da maximização de utilidade na teoria econômica, questionando se, realmente, esse é o único objetivo e motivação que guia o comportamento humano. Assim como o próprio conceito de comprometimento requer uma visão menos estrita do que o indivíduo busca alcançar como resultado de suas ações dentro da esfera econômica, Kaufman também entende que as aspirações não devem se limitar à maximização de utilidade, duvidando, inclusive, da validade explicativa simplificadora da noção de utilidade benthamita para a teoria econômica, já que a utilidade engloba elementos subjetivos e positivos – e.g. felicidade, prazer, bem-estar - sob um único conceito unificador e ordinal. Segundo o autor:

> Psychological research suggests, however, that these different utility variables are to some degree different behavioral constructs. For example, pleasure and pain tend to be relatively immediate sensations and most closely represent an emotion in the clinical meaning of that term. Happiness, on the other hand, is a more diffuse and longer-lasting mood (or "hedonic tone") that reflects a combination of positive affect (such as joy, optimism, and pride) and a cognitive evaluation that life is headed in a good direction. Last are satisfaction and its close equivalent, subjective well-being. Both concepts have a positive but considerably less than perfect correlation with pleasure and happiness, partly because they rest on a more reasoned and cognitive evaluation of objective life conditions (Argyle 2001). (KAUFMAN, 2006, p.83)

Apesar de todas essas ponderações, muitos modelos e experimentos que serão citados neste estudo lançam mão do aparato teórico utilitarista, em maior ou menor medida. Portanto, é de suma importância ter em mente o objetivo de cada um desses trabalhos e a necessidade de dar uma atenção elevada para os pressupostos teóricos utilizados em cada estudo, tentando entender como esses pressupostos se relacionam e limitam seus respectivos resultados, seja no campo teórico, seja no campo empírico.

## 1.2 Bases ontológicas e epistemológicas: a realidade e a mente

Após apresentar uma visão crítica dos axiomas de racionalidade que servem de pilar à economia neoclássica e que não abrem espaço para deliberações morais dos indivíduos e não reconhecem as influências institucionais que vão além de um mero caráter restritivo, é necessário apresentar as bases ontológicas e epistemológicas nas quais se fundamenta a teoria que será desenvolvida ao longo deste livro. Essas bases também permitem abrir um espaço para a adoção de uma concepção de racionalidade mais condizente com o que se observa do comportamento humano e da interação dos indivíduos com o ambiente físico e institucional.

De partida, adota-se aqui a visão de que a realidade tem uma estrutura bimodal, rompendo com uma concepção meramente instrumental utilizada pela economia neoclássica. Isso significa que uma teoria sustentada apenas na observação da ação individual é incompleta e insuficiente para entender a formação das percepções de justiça e as influências institucionais, de modo que se faz necessário introduzir a mente como uma categoria autônoma e que se conecta com os fenômenos econômicos observados. Assim, as teorias devem incluir os indivíduos e sua própria visão do mundo, bem como seus modelos mentais, o que abre espaço para uma metodologia mais multidisciplinar dentro da teoria econômica, como a utilização de estudos das ciências cognitivas. Segundo Herrmann-Pillath:

> We can adopt a completely different ontological perspective when assuming that reality has a bimodal structure which displays certain causal linkages between economic phenomena directly observable to the outside

observer on the one hand and the mental models of the economic agents on the other hand which guide their behavior (compare Denzau/North, 1994). Both ontological realms are linked with each other in a systematic, non-random fashion. (...) Let us pin down this idea as the most basic ontological premise of Evolutionary Economics: mind matters. This means, Evolutionary Economics draws a neat line between mind and world as well as assumes that mind is an autonomous causal force in the economic process, however entertaining continuous interaction with the world which leads to changes in the mental process, i.e. the structure and content of knowledge. Human mind is a part of reality, however an autonomous one. Thus we have to reject any epistemological position which argues from the perspective of delinking reality and mind. This is not an innocuous statement when referring to the standard economic assumptions because the first step towards eliminating mind as an autonomous force in the economic process has always been to deny that mind is a part of the world, viz. discarding the analysis of mind as a psycho-physical phenomenon and hence in terms of psychology, the brain sciences and so on. (HERRMANN-PILLATH, 2001, p.99-100)

Portanto, a mente é um fenômeno psicofísico que engendra mudanças na estrutura e conteúdo do conhecimento ou, de acordo com Damásio (1994), é a habilidade que o cérebro tem de revelar e ordenar imagens internas através de um processo manipulável chamado *pensamento* que, eventualmente, influencia o comportamento.

Na mesma linha de estruturação dos fundamentos da bimodalidade, Witt (2008) afirma que há uma visão ontológica dentro da economia evolucionária a qual chama de *monismo*, cujas premissas sobre a estrutura da realidade assumem que as mudanças na economia e na natureza pertencem a uma mesma esfera da realidade e que, portanto, são processos interdependentes, favorecendo uma perspectiva naturalista de análise. No entanto, o autor salienta que isso não implica que a evolução na natureza e a evolução na economia são similares ou idênticas, mas que os mecanismos de evolução social ocorrem sobre os mecanismos naturais, de forma a ser impossível adotar uma análise que desconsidere essa estrutura.

Como consequência dessa visão monista, há um circuito coevolucionário entre o indivíduo (ou "ambiente interno", composto pelos elementos mentais de cognição e afetividade) e o ambiente externo, sendo que o elo entre ambos se dá pelo comportamento. Damásio (1994) especifica bem essa relação na qual o indivíduo percebe o ambiente externo através de seus órgãos sensoriais e interage com esse ambiente através do movimento:

> If body and brain interact with each other intensely, the organism they form interacts with its surroundings no less so. Their relations are mediated by the organism's movement and its sensory devices. The environment makes its mark on the organism in a variety of ways. One is by stimulating neural activity in the eye (inside which is the retina), the ear (inside which are the cochlea, a sound-sensing device, and the vestibule, a balance-sensing device), and the myriad nerve terminals in the skin, taste buds, and nasal mucosa. Nerve terminals send signals to circumscribed entry points in the brain, the so-called early sensory cortices of vision, hearing, somatic sensations, taste, and olfaction. Picture them as a sort of safe harbor where signals can arrive. (DAMÁSIO, 1994, p.90-91)

Desse modo, após o ambiente externo prover estímulos ao indivíduo que, por sua vez, forma seus pensamentos, esses pensamentos precisam ser comunicados socialmente, de modo que o contexto social não envolve diretamente qualquer processo cognitivo subjetivo, estando sob o domínio do comportamento. Dopfer (2005) mostra essa relação em um esquema ilustrativo simples e funcional:

Figura 1
Mediação do ambiente interno e externo através do comportamento

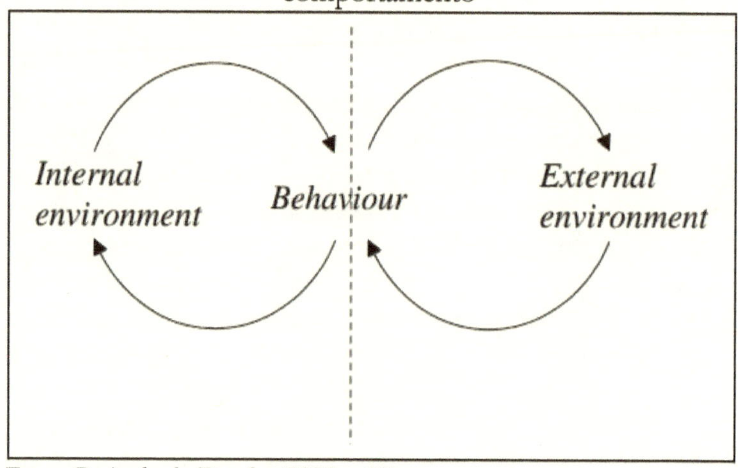


Fonte: Retirado de Dopfer (2005, p.23).

O que se percebe claramente nesse tipo de esquema não é apenas a interação entre os dois ambientes, mas também seu caráter circular. Os estímulos e informações são retroalimentados em um ciclo. Assim, o domínio do comportamento se configura como um fator que permite a externalização e a observação desses acúmulos e transformações de influências internas e externas. O Esquema Circular Geral que será proposto e analisado mais adiante neste texto se assemelha, ao menos em sua concepção, ao esquema da Figura 1, pois também leva em consideração essa interação circular entre os elementos do ambiente externo e dos sistemas cognitivos e afetivos dos indivíduos, embora apresente um recorte temático específico sobre as influências das instituições de justiça.

Em termos epistemológicos, a economia evolucionária parte de uma posição de realismo epistemológico, isso é, da observação do comportamento e do funcionamento das estruturas mentais subjacentes, de forma que as suposições axiomáticas feitas *a priori* deixam de ter relevância em modelos que não reflitam a realidade observada (Herrmann-Pillath, 2001). Segundo Sugden (2001), esse tipo de abordagem tem um caráter naturalista e difere em seus fundamentos de uma teoria da escolha racional ou da teoria dos jogos convencional[11], na qual os axiomas são baseados em princípios normativos de racionalidade que nem sempre são observados na realidade:

> One of the peculiarities of the conventional theory is that its methodological approach legitimates the use of a priori methods to investigate empirical questions. If the axioms of the theory are normative principles of rationality, then the mere observation that ordinary human beings do not always act like ideally rational agents does not disconfirm that theory. (...) But this justification of a priori theorising is not available to the naturalist; a naturalistic theory about how human beings behave must stand or

---

[11] Sugden defende a necessidade de uma teoria empírica dos processos mentais e também faz uma crítica aos métodos utilizados pela própria teoria dos jogos dita evolucionária: "Notice that the theory that is required is *empirical*: it is a theory of the mental processes actually used by human beings. The implication, one might have thought, was that game theory needed to draw on the ideas and methods of cognitive psychology. But instead, game theorists lost interest in the refinement programme altogether, as though discovering that the problem on their hands was empirical was equivalent to discovering that it was incapable of solution. The record of game theory suggests to me a lack of serious intent, as lash-and-burn approach to theorizing which exploits the possibilities of *a priori* analysis without being willing to tackle the empirical work that is essential to explain how the world really is. My concern is that this approach is being repeated in much of evolutionary theory" (Sugden, 2001, p.220-221).

fall by its ability to explain actual behavior. The fundamental assumptions of such a theory cannot be a priori normative claims; they must be postulates about empirical properties of the world. A naturalist has to be concerned first and foremost with the facts. (SUGDEN, 2001, p.218-219)

Se os axiomas da teoria neoclássica sobre a racionalidade dos indivíduos contradizem o realismo epistemológico, faz-se necessário lançar mão de alguma outra caracterização da racionalidade humana. Uma alternativa que respeita os preceitos ontológicos e epistemológicos expostos até o momento é a noção de *racionalidade limitada*, proposta inicialmente por Herbert Simon na década de 1950. Já desde essa época, a validade dos pressupostos de um *homo economicus* fundamentado na racionalidade perfeita era posta em dúvida:

Traditional economic theory postulates an "economic man," who, in the course of being "economic" is also "rational." This man is assumed to have knowledge of the relevant aspects of his environment which, if not absolutely complete, is at least impressively clear and voluminous. He is assumed also to have a well-organized and stable system of preferences, and a skill in computation that enables him to calculate, for the alternative courses of action that are available to him, which of these will permit him to reach the highest attainable point on his preference scale. Recent developments in economics, and particularly in the theory of the business firm, have raised great doubts as to whether this schematized model of economic man provides a suitable foundation on which to erect a theory. (...) It is not the purpose of this paper to discuss these doubts, or to determine whether they are justified. Rather, I shall assume that the concept of "economic man" (and, I might add, of his brother "administrative man") is in need of fairly drastic revision, and shall put forth some suggestions as to the direction the revision might take. (SIMON, 1955, p.99)

A partir dessa visão crítica, Simon (1955) propõe uma concepção de racionalidade que busca se assemelhar mais fielmente ao modo com que os indivíduos tomam suas decisões. Tendo em vista as limitações psicológicas e fisiológicas dos indivíduos, Simon leva em consideração questões como: o esforço necessário para reunir informações sobre as possibilidades disponíveis de ação e de resultados; a simplificação das funções de recompensa e do nível de esforço de busca por alternativas, entendidos a partir de uma ideia de satisfação na qual os indivíduos procuram atingir determinados níveis de aspiração (que podem ser modificados ao longo do tempo); a avaliação de alternativas que chegam ao indivíduo de modo sequencial, o que impede uma maximização em relação a um conjunto bem definido de opções conhecidas de antemão. Essas questões são colocadas por Simon no intuito de mostrar que o ambiente de decisão é complexo e as capacidades computacionais dos indivíduos são limitadas, de modo que um conceito de racionalidade mais condizente com a realidade não pode ignorar essas características.

Segundo Gigerenzer (2002), os estudos sobre a racionalidade limitada que vêm sendo desenvolvidos desde a introdução do conceito por Herbert Simon se baseiam em três princípios: plausibilidade psicológica, especificidade do domínio e racionalidade ecológica. O primeiro deles diz respeito justamente à busca por um entendimento de como as pessoas de fato tomam suas decisões, enfrentando limitações de tempo, conhecimento, memória e outros recursos, o que conduz à construção de modelos calcados no repertório cognitivo, emocional, comportamental e social dos seres humanos. O segundo princípio afirma a presença e a utilização de heurísticas que surgem em domínios específicos (e.g. decisões distributivas) e são compostas de blocos cognitivos e emocionais que podem ser mais gerais. Por fim, a racionalidade ecológica é o estudo da combinação e adaptação entre as heurísticas e a estrutura do ambiente, tanto físico quanto social.

Esses princípios deixam claro como a concepção de racionalidade limitada dialoga perfeitamente com a ontologia monista e bimodal e com o realismo epistemológico:

> The notions of psychological plausibility and ecological rationality suggest two routes to the study of bounded rationality. The quest for psychological plausibility suggests looking into the mind, that is, taking account of what we know about cognition and emotion in order to understand decisions and behavior. Ecological rationality, in contrast, suggests looking outside the mind, at the structure of environments, to understand what is inside the mind. These research strategies are complementary, like digging a tunnel from two sides. However, the parties who dig from each side should meet at some point, and this has been a rare event, so far. (GIGERENZER, 2002, p.39)

Em resumo, a visão de mundo que serve de alicerce para as concepções desenvolvidas ao longo deste livro pressupõe uma interação entre os mecanismos mentais e os estímulos do ambiente econômico social (bimodalidade), sendo ambos partes integrantes de uma mesma esfera da realidade (monismo), cuja fundamentação teórica de um esquema de análise se dá, basicamente, através da observação empírica dos fenômenos comportamentais e do funcionamento dos processos cognitivos e afetivos de indivíduos que apresentam uma racionalidade limitada (realismo epistemológico). Essas ontologias e epistemologias também são compatíveis com o contributo das influências institucionais que serão refletidas no ECG, dado que se entende que há uma realidade única de interação entre um meio externo, de regras e culturas socialmente específicas, e um meio interno, de formação cognitiva e afetiva de pensamentos e comportamentos. Assim, um contributo deste livro também é aliviar possíveis tensões que poderiam surgir entre diferentes linhas de pensamento dentro da ciência econômica, como a economia evolucionária, economia institucional e economia comportamental e experimental.

## 1.3  O processo econômico evolucionário como uma abordagem naturalista

Tendo apresentado as bases ontológicas e epistemológicas pelas quais será erigida a estrutura deste livro, bem como adotado uma concepção de racionalidade limitada e ecológica mais condizente do que aquela proposta pelos axiomas neoclássicos, o próximo passo lógico é entender como as questões relativas à justiça se inserem em um processo evolucionário. Contudo, antes mesmo de entrar em um recorte temático específico (justiça), vale tentar entender o que é e como se caracteriza um processo econômico como sendo evolucionário.

Assim como ocorre ao longo das diferentes escolas de pensamento e entre os mais diversos conceitos utilizados na economia como disciplina, é de praxe o surgimento de inúmeras formas de interpretação e de adoção desses conceitos. A definição sobre o que é um processo econômico evolucionário não é diferente. Witt (2008) realiza um esforço para mostrar que é possível identificar e categorizar um processo econômico evolucionário em quatro tipos de interpretações diferentes. Essas diferenças ocorrem em dois níveis: na instância ontológica e na estratégia heurística. No que se refere à ontologia, Witt estabelece que é possível encontrar duas formas de ver o mundo: monista e dualista. Como já fora argumentado na seção anterior, defende-se aqui que uma abordagem evolucionária de caráter naturalista só será bem fundamentada se partir de uma base ontológica monista, a qual é adotada ao longo deste texto. A forma dualista, ao contrário do que será feito aqui, prevê que a natureza e a economia pertencem a esferas da realidade que não se conectam entre si, sendo uma visão incompatível com a tarefa de explorar as relações entre o ambiente econômico e os processos mentais cognitivos e afetivos dos indivíduos.

No âmbito da estratégia heurística pela qual se deve abordar e introduzir os conceitos evolucionários na formulação de uma teoria, Witt mostra que duas estratégias são possíveis: utilizar os conceitos darwinianos generalizados ou utilizar conceitos genéricos de evolução. A primeira estratégia se baseia na utilização constante de comparações, construções de analogias e metáforas em relação à teoria da seleção natural, procurando se ater fortemente a princípios como o da variação cega e da retenção seletiva. Ainda que seja uma estratégia que não contradiz uma ontologia monista e sirva como uma ferramenta muito útil à abstração e à analogia com outras disciplinas, pode, por vezes, incorrer em problemas de vieses e incompletude no processo de comparação de conceitos. A segunda estratégia heurística se inspira no reconhecimento de características genéricas do processo de evolução, permitindo entendê-lo como um processo de autotransformação no qual os elementos básicos são a geração endógena de novidades e sua disseminação contingente. Essas características se aplicam aos processos evolucionários de qualquer disciplina, sem necessidade de se realizar um esforço constante de analogia com os conceitos darwinistas. Portanto, a partir das possibilidades de combinações entre as instâncias ontológicas e as estratégias heurísticas, a Tabela 1 mostra as quatro interpretações (incluindo exemplos de alguns autores e tópicos) encontradas dentro da literatura que se denomina como sendo de economia evolucionária. Destaca-se a interpretação definida no quadrante inferior esquerdo, na qual este livro se insere.

Tabela 1
Tipos de visões e interpretações sobre o que é a economia evolucionária

| | | *Instância Ontológica* | |
| --- | --- | --- | --- |
| | | Monismo | Dualismo |
| *Estratégia Heurística* | Conceitos darwinianos generalizados (variação, seleção e retenção) | **Darwinismo Universal** | **Neo-Schumpeterianos** *(Nelson e Winter)* *tópicos:* inovação, technologia, P&D, rotinas de firmas, dinâmica industrial, competição, crescimento, bases institucionais de inovação |
| | Conceitos genéricos de evolução (emergência de novidade e disseminação) | **Abordagens Naturalistas** *(Veblen, Georgescu-Roegen, Hayek, North)* *tópicos:* desenvolvimento de longo prazo, evolução institucional, produção, consumo, crescimento e sustentabilidade | **Schumpeter** (1912) |

Fonte: Adaptado da Figura 1 de Witt (2008, p.555).

Dentro da abordagem naturalista em destaque, cabe a utilização de três pressupostos adotados por Dopfer (2001):

1. Fenômenos reais são atualizações de ideias;

2. Atualizações são manifestações de matéria-energia em um determinado espaço e tempo;
3. Fenômenos reais evoluem.

Esses pressupostos servem para definir um processo evolucionário como uma *atualização de ideias genéricas*, sendo que uma ideia é qualquer imaginação que é trazida à tona por um processo de pensamento humano. Ela é genérica pois é um instrumental capaz de gerar diferentes processos cognitivos, emocionais e comportamentais. O pressuposto 2 destaca que a atualização dessas ideias são fenômenos que ocorrem tanto no campo material quanto mental e são dependentes de espaços e tempos específicos, o que significa que há um reconhecimento explícito da importância do contexto histórico e cultural. Assim, os fenômenos reais evoluem de maneira infinita (Witt, 2001) como atualizações de ideias genéricas, em um processo de autotransformação que ocorre dentro de um ambiente de incertezas cujo *status quo* das ideias é constantemente posto à prova ao surgimento de novas ideias. Também não é possível deixar de notar que grande parte do combustível para a criatividade e para o surgimento contínuo de novidades que mantém esse processo infinito de atualizações de ideias advém da falibilidade do conhecimento humano:

> Evolutionary ontology presupposes both an open set of possible states of the world and of possible states of knowledge. It furthermore assumes that changes of possible states of knowledge are crucial forces of changing the possible states of the world. This is called the principle of creativity (see Hesse, 1990). Given our considerations in section two, the important addendum is that hence creativity goes back on the fact that human knowledge is not perfectly true but quite the other way around, systematically false. Comparing this with the rational expectations approach arguing that human knowledge is systematically true, the paradigmatic claims

of Evolutionary Economics come to the fore. (HERRMANN-PILLATH, 2001, p.104)

Portanto, definindo explicitamente o que se entende por um processo econômico evolucionário, é possível compreender como as percepções e instituições de justiça se inserem na lógica desse tipo de processo.

## 1.3 Percepções e instituições de justiça como um processo evolucionário

Uma percepção, análise ou julgamento sobre justiça ocorre nas mais diversas ocasiões. Pode-se afirmar que os indivíduos alteram suas percepções sobre o que consideram justo ou injusto tanto em um nível dependente do contexto, de situações específicas e informais (e.g. quanto cada jogador deve receber em um Jogo do Ultimato), como também em um nível formal e de longo prazo, no âmbito de como se organiza a própria sociedade (e.g. leis trabalhistas). Nesse último caso, é possível estabelecer que as leis são, na maioria das vezes, códigos de comportamento que apenas formalizam determinadas convenções sociais que os próprios indivíduos se impõem (Sugden, 2005). Segundo Young (1996, p.105), essas convenções são "a pattern of behavior that is customary, expected and self-enforcing". Em uma definição mais estrita, Young afirma que uma convenção é um equilíbrio que todos os indivíduos esperam que seja selecionado em uma interação que possui mais de um equilíbrio. De acordo com Dequech (2013), as convenções têm duas características bem particulares: primeiro, quando são seguidas de modo consciente, uma convenção é seguida, ao menos em parte, porque se espera que outras pessoas a sigam também, e não (ou não apenas) porque existe alguma pressão externa para obedecer a essa convenção; segundo, as convenções são arbitrárias, no sentido de que também é concebível uma alternativa hipotética que não seja claramente inferior à regra prevalecente[12].

Sobre a importância dessas convenções sociais, Sugden (2005, p.8) destaca que "some of our ideas of rights, entitlements and justice may be rooted in conventions that have never been consciously designed by anyone. They have merely evolved". Se as percepções do que é considerado como certo ou errado dentro de uma sociedade são, em grande medida, dependentes da evolução das convenções, isso é, das atualizações de ideias genéricas que apresentam as características de conformidade com a conformidade e de arbitrariedade e são manifestadas em determinado espaço e tempo, é interessante entender como essas convenções são estabelecidas. Young (1996) afirma que as convenções podem se estabelecer por dois mecanismos: primeiro, por uma autoridade central (como o Estado) que, ao adotar uma determinada regra, facilita a coordenação dos indivíduos; segundo, pela agregação gradual de precedentes, de costumes locais que vão se espalhando pela sociedade. Nota-se que esses dois mecanismos não são mutuamente exclusivos. Esses processos de evolução das convenções permitem que elas sejam entendidas como leis naturais, no sentido de que se estabelecem espontaneamente através das interações sociais:

> Thus conventions fulfil some of the same functions as positive laws (that is, laws promulgated by some authority, such as Parliament or Congress or the King); but whereas positive laws are the product of conscious human design, these conventions have evolved spontaneously, out of the repeated interactions of individuals with conflicting interests. In this sense,

---

[12] Dequech (2013) nomeia a primeira característica como *conformidade com a conformidade* e a segunda como *arbitrariedade*.

conventions of coordination, property and reciprocity are
natural laws. (SUGDEN, 2005, p.150)

Entende-se que esses tipos de convenções são estáveis,
pois é do interesse de grande parte dos indivíduos mantê-las
como estão. Adicionalmente, Sugden (2005) afirma que essas
leis naturais exercem também uma força moral sobre as
pessoas, influenciando no modo como elas **deveriam** agir e
pensar, reforçando sua estabilidade. Isso não exclui a
possibilidade de alguns agentes ou de o próprio governo não
se conformarem com as convenções vigentes, por perceberem
algum tipo de injustiça no *status quo* ou mesmo uma
possibilidade de alcançarem resultados melhores através da
adoção de uma convenção alternativa. Embora seja factível,
essa não conformidade com as instituições e a tentativa de
desafiá-las ou modifica-las pode fazer com que a sociedade
julgue as ações desses indivíduos como moralmente erradas,
ou, no caso de um governo que age contra as convenções,
como uma invasão ilegítima dos direitos individuais:

> If, as I have argued, the conventions by which people
> resolve disputes come to have the status of moral rights
> and obligations, any government that tries to overturn
> these conventions must expect its actions to be viewed as
> morally wrong – as illegitimate invasions of individuals'
> rights. (SUGDEN, 2005, p.181)

Superando as forças de estabilidade que surgem dos
interesses práticos e morais, novas convenções podem surgir
mais facilmente em ambientes onde há uma ambiguidade sobre
qual é a prática comum de comportamento para determinada
contingência. Mesmo em ambientes cujas instituições estão
bem estabelecidas, há espaço para o surgimento de novidades
e de comportamentos não conformistas, o que permite
mudanças, característica essencial dos processos

evolucionários, ainda que – e isso deve ser reconhecido – essas mudanças possam ocorrer lentamente.

Hargreaves-Heap e Varoufakis (2002) lançaram mão de experimentos com jogos do tipo *Hawk-Dove* (HD) para mostrar que as convenções e percepções sobre o que é considerado justo evoluem endogenamente através das interações sociais, como proposto por Sugden. Os autores realizaram dois tipos de jogos HD: um tradicional e um com a possibilidade de os agentes escolherem uma terceira ação, chamada de cooperação (jogo HDC), que é simétrica e Pareto-domina todos os outros três equilíbrios de Nash do jogo[13]. Além desses dois tipos de jogo, os jogadores podiam (ou não) receber no início do jogo uma identificação por cor (azul ou vermelha) que gerava uma saliência, ou seja, gerava uma diferenciação notável dos estímulos sensíveis (nesse caso, um

---

[13] O Jogo Hawk-Dove tradicional é um jogo estático que pode ser descrito pela matriz de recompensa abaixo:

|   | h | d |
|---|---|---|
| h | -2, -2 | 2, 0 |
| d | 0, 2 | 1, 1 |

A teoria dos jogos tradicional assume que os dois jogadores são completamente racionais e que há três equilíbrios de Nash nesse jogo: dois em estratégias puras $(h,d)$ e $(d,h)$ e um em estratégias mistas, com $p = 1/3$, sendo $p$ a probabilidade que ambos os jogadores têm de escolher $h$.

O Jogo HDC, por sua vez, é dado pela matriz de recompensa abaixo:

|   | h | d | c |
|---|---|---|---|
| h | -2, -2 | 2, 0 | 4, -1 |
| d | 0, 2 | 1, 1 | 0, 0 |
| c | -1, 4 | 0, 0 | 3, 3 |

estímulo visual) que os jogadores recebem/emitem entre si em um ambiente específico. A partir disso, Hargreaves-Heap e Varoufakis testaram duas hipóteses. A primeira era que, na presença da saliência de cor, seria possível observar a evolução de uma convenção discriminatória ao jogar o jogo repetidamente, onde uma cor joga Hawk e a outra Dove. A segunda afirmava que a ordem em que se joga os tipos de jogos importa para o resultado final. Mais especificamente, se o jogo HDC com cores é jogado antes do HD com cores, é mais improvável que surja uma convenção discriminatória, pois a simetria da ação de cooperação no primeiro tipo de jogo pode inibir o surgimento desse tipo de convenção, visto que a saliência das cores fica relativamente mais fraca. Como afirmam os autores:

> In particular, we are interested in an argument from Sugden (1986) which suggests that ideas regarding what is 'fair' or 'just' may evolve endogenously in the course of social interaction. Sugden follows Hume (1740) by suggesting that, when a convention emerges in a game like HD, it can induce a set of supporting normative ideas: that is, ideas that make the arrangement seem 'just' or 'fair' or some such. It is as if people find it difficult to accept that the convention is, in some sense, arbitrary while also being discriminatory. 'Red plays hawk and blue plays dove' would perform just as well as a convention as 'blue plays hawk and red plays dove'. However, the selection of one of these conventions makes a big difference to who receives the most benefit and this seems to cause dissonance. So people remove the dissonance by finding, or inventing, additional principles that will justify the actual convention because it is 'just', 'fair' or some such. If this is the case, then it seems that play of the HD game may induce different ideas regarding entitlements to the play of the HDC game. This is because a convention in HD is inherently discriminatory while it seems from earlier experiments that people are

> attracted (possibly on grounds of fairness) to the symmetric (c,c) outcome in games like HDC. (HARGREAVES-HEAP AND VAROUFAKIS, 2002, p.684)

Ambas as hipóteses foram confirmadas, mostrando que uma convenção pode surgir naturalmente a partir de alguma saliência, e que a história importa, ou seja, a ordem dos jogos pode levar a diferentes seleções de equilíbrios[14].

Com uma concepção geral evolucionária naturalista semelhante à de Sugden (embora utilize uma estrutura de análise da teoria dos jogos evolucionária em grande parte de seu trabalho)[15], Binmore (2005) coloca em evidência a importância da estabilidade e eficiência na análise que faz de um contrato social, ressaltando a relevância dessas duas características para definir os questionamentos relativos à justiça. Segundo o autor:

> A social contract must be internally stable, or it won't survive. It needs to be efficient, or it won't compete

---

[14] As saliências são essenciais para que as convenções ou normas de fato sejam eficazes: "What seems clear, however, is that norms, to be efficacious, have to be made salient, and that it is situational, contingent cues that lead people to interpret the situation as one to which a given norm applies, focus on the norm, and act on it" (BICCHERI, 2006, p.76). O Capítulo 2 mostra a importância das saliências no ECG.

[15] Como já mencionado em nota anterior, Sugden (2001) critica a abordagem adotada por Binmore e pela teoria dos jogos evolucionária, afirmando que esse tipo de teoria não consegue "naturalizar", a partir de evidências empíricas, a argumentação dos seus modelos, sustendando-se, fundamentalmente, em axiomas *a priori*. No entanto, os pontos de Binmore (2005) ressaltados aqui dizem respeito às concepções mais gerais dos processos sociais e econômicos que estão em linha com um ideal naturalista evolucionário, sem necessidade de utilização dos axiomas tradicionais da teoria dos jogos, de forma que vão ao encontro das ideias de Sugden (2005).

successfully with the social contracts of other societies. Conventional moral philosophy pays little or no attention to either of these issues, but we shall find that they are essential to making sense of the question that arises at the third level: How and why are social contracts fair? (BINMORE, 2005, p.5)

No que diz respeito à estabilidade, como já fora argumentado anteriormente, isso não significa imutabilidade institucional, sendo que essa pode variar em graus dependendo do contexto. No que tange à importância da eficiência, essa é uma característica discutível e que não parece ser tão imprescindível como colocado por Binmore. No caso das convenções, por exemplo, a própria noção de ambiguidade faz com que existam alternativas tão boas quanto à escolha adotada, sendo difícil realizar comparações em termos de eficiência. Em uma outra situação, pode-se argumentar que a força moral de uma norma já adotada é tão intensa que faz com que alternativas institucionais, mesmo sendo mais eficientes, demorem a ser aceitadas e compartilhadas socialmente. Em um caso extremo, pode-se ainda pensar que os indivíduos enxergam determinada norma como natural, não conseguindo nem mesmo conceber opções alternativas muito diferentes daquela que já existe, ainda que fossem mais eficientes caso adotadas[16]. Finalmente, em relação à justiça, Binmore argumenta que essa é uma questão importante, pois é uma solução para problemas de seleção de equilíbrios em um processo evolutivo. Ele parte da concepção da *posição original* de John Rawls para explicar que há princípios universais de justiça ou uma estrutura profunda de normas de justiça. Sobre a posição original, Binmore afirma:

---

[16] A "naturalidade" é apenas um tipo de característica que leva à conformidade com as instituições. Sobre esse e outros tipos de influência, ver o Capítulo 5.

Rawls uses the original position as a hypothetical standpoint from which to make judgments about how a just society would be organized. Members of a society are asked to envisage the social contract to which they would agree if their current roles were concealed from them behind a "veil of ignorance". Behind this veil of ignorance, the distribution of advantage in the planned society would seem determined as though by a lottery. Devil take the hindmost then becomes an unattractive principle for those bargaining in the original position, since you yourself might end up with the lottery ticket that assigns you to the rear. (BINMORE, 2005, p.15)

A partir da posição original, o autor busca explicar como as pressões evolucionárias podem fazer com que essa estrutura profunda tenha sido escrita no genoma e como os mecanismos biológicos interagem com a herança cultural, gerando escolhas específicas de equilíbrios (contratos sociais) em diferentes sociedades. Evidencia-se, novamente, que as convenções e normas de justiça, embora se caracterizem por um elevado grau de estabilidade, como proposto por Sugden e Binmore, não são estáticas, isso é, podem apresentar tanto algumas mudanças ao longo do processo evolucionário, quanto apresentar um aspecto particular em cada cultura. Segundo Binmore (1998):

I believe that the fairness algorithm itself is biologically hardwired, but that its adaptation for use with strangers must have been contrived by cultural evolution. We learned to adopt strangers into our clans by treating them as relatives. But the degree of relationship attributed to such adopted strangers must have been socially determined. However, if the worthiness of someone outside the family circle is a social convention, then it need not be constant as the context varies, nor need it be invulnerable to change over time. (BINMORE, 1998, p.284)

Embora a abordagem evolucionária ajude a compreender o modo pelo qual a percepção de justiça dos agentes influencia na seleção e geração de normas e convenções relativamente estáveis, mas que, em um quadro geral, apresentam-se inseridas em um processo de mudança contínua, isso não explica a variedade de respostas dos agentes econômicos em diversas situações contingentes nas quais eles se deparam com um problema que envolva deliberações sobre justiça e o procedimento pelo qual resolvem esse problema. Ou seja, dado um momento específico em que os indivíduos são chamados a agir, ainda que haja um universo bem definido de instituições de justiça, nem sempre os indivíduos percebem e selecionam da mesma forma essas instituições, o que reflete na heterogeneidade dos seus comportamentos. Isso pode ser observado em inúmeros artigos experimentais que lançam mão de Jogos do Ditador, Ultimato, Bens Públicos[17], entre outros, além de pesquisas com questionários. Esses artigos evidenciam que a percepção de justiça nessas situações pode depender fortemente de fatores como o contexto, preferências sociais, expectativas, crenças e emoções dos indivíduos.

É de suma importância ressaltar, no entanto, que essa variedade de respostas não contradiz a teoria evolucionária

---

[17] O Jogo do Ditador compreende apenas a primeira fase do Jogo do Ultimato, ou seja, o jogador A decide pela divisão de uma quantia $Q$ e o jogador B deve aceitar, obrigatoriamente, essa divisão (formalmente nem mesmo é um jogo, já que B não tem uma escolha a fazer). Em um Jogo de Bens Públicos, os agentes devem decidir quanto contribuir de suas dotações para um bem público, sendo que eles atribuem uma utilidade tanto para sua dotação privada quanto para o bem público, desde que este consiga alcançar ou ultrapassar determinado limite na somatória das contribuições individuais ou, em outras palavras, desde que haja de fato a provisão do bem público. Nesses jogos, apesar de a teoria convencional destacar os incentivos materiais que os agentes têm para não dividir a quantia $Q$ ou não contribuir para o bem público, levando a "equilíbrios egoístas", na prática, observa-se um grande desvio desse tipo de equilíbrio.

exposta até aqui. Pelo contrário, estão em linha com a possibilidade de geração de novidades, a falibilidade do conhecimento e a concepção bimodal de que os sistemas cognitivos e afetivos têm uma importância central na explicação dos fenômenos sociais. Assim, argumenta-se que a grande dificuldade teórica é explicar o processo pelo qual os indivíduos observam e selecionam determinada norma ou convenção social, inserindo nessa análise as interações entre o ambiente externo e o ambiente interno, verificados a partir do comportamento. Consequentemente, não é preciso abandonar a ideia de estabilidade das instituições, mas sim procurar entender de que forma essas instituições são selecionadas e acionadas, influenciando os indivíduos e, posteriormente, sendo elas próprias influenciadas por eles, podendo se modificar ao longo do tempo.

Tendo essa noção de um processo no qual as instituições de justiça evoluem ao longo do tempo, Binmore e Samuelson (1994) categorizam em quatro fases a experiência que os indivíduos têm ao jogar um novo jogo econômico, que é, em grande medida, a base dos experimentos de justiça e que procura refletir uma interação social relevante. As fases são: curto prazo, médio prazo, longo prazo e o prazo ultralongo.

No curto prazo, os jogadores têm pouca ou nenhuma experiência em relação à situação que se deparam, de forma que devem utilizar a experiência de situações similares ao tomar uma decisão. Assim, para esses casos, as normas sociais mais salientes provavelmente serão selecionadas pelos indivíduos, de forma que o comportamento de curto prazo geralmente é mais uma função do modo como a situação se apresenta do que da estrutura real do problema. No médio prazo, o comportamento dos indivíduos começa a se adaptar às circunstâncias como resultado de um processo de aprendizagem. A velocidade do aprendizado irá depender de alguns fatores, dentre os quais o principal deles é a extensão pela qual a norma (ou as normas) demonstrada através do comportamento no curto prazo foi sendo reforçada nas interações seguintes. Segundo os autores:

> A weakly held norm will be much more easily displaced than a strong held norm. If different norms are triggered in different players, as will often happen when framing is relatively abstract, then subsequent interaction among the players will obviously tend to undercut confidence in all the norms. But a norm in which all agents have a strong fixation must be expected to resist modification for considerable lengths of time (BINMORE AND SAMUELSON, 1994, JITE)

No longo prazo, os autores afirmam que o processo evolutivo de aprendizado interativo irá se estabilizar em um equilíbrio, que é uma função de onde esse processo teve início e das interações passadas. Portanto, a história tem um papel importante no problema de seleção de equilíbrios, fazendo com que o curto e o médio prazo tenham um papel fundamental no entendimento evolutivo das normas sociais, mesmo que o interesse de um analista seja apenas sobre um equilíbrio de longo prazo. Por fim, o equilíbrio de prazo ultralongo é aquele no qual o investigador está interessado em saber a probabilidade de o sistema estar em um equilíbrio específico. O motivo disso é que o processo de aprendizado interativo possui vários ruídos e está sujeito a diversos choques externos, de modo que, mesmo o equilíbrio de longo prazo, por mais estável que seja, não é completamente estático, pois ainda assim está sujeito ao processo de evolução, como exposto anteriormente (Binmore e Samuelson, 1994).

Em resumo, as instituições de justiça estão inseridas em um processo evolucionário que pode partir de meros costumes, passando por convenções até a formação de normas sociais, podendo culminar, inclusive, na consolidação de leis formais que, por sua vez, estão sujeitas à novas mudanças. A reflexão teórica desenvolvida neste livro procura entender as particularidades desse processo para a formação das percepções de justiça dos agentes econômicos. Consequentemente, o esquema teórico que será proposto adiante tem como função enxergar esse processo evolutivo através de uma lupa, ressaltando os fatores fundamentais que influenciam a formação do pensamento e do comportamento no nível dos indivíduos, permitindo-lhes identificar e selecionar as instituições de justiça. Assim, o ambiente de interesse aqui é composto pelas percepções e comportamentos que compõem o curto e o médio prazo na categorização de Binmore e Samuelson (1994), visto que os agentes se deparam com uma gama diversa de estímulos e influências que constituem um processo complexo de interação com o ambiente institucional, não estando sujeitos a uma única norma de justiça previamente estabelecida, mas sim a um grupo delas.

## 1.4 Apresentando o Esquema Circular Geral (ECG) - como os indivíduos influenciam e são influenciados pelas instituições de justiça

Pode-se afirmar que não há um consenso na literatura a respeito de como os indivíduos observam, selecionam e utilizam determinadas informações da realidade para formar seus pensamentos e realizar ações referentes ao que consideram como uma distribuição de bens, um processo de decisão ou um tratamento pessoal como sendo justo ou injusto. Embora seja impossível prever com máxima acurácia como as pessoas reagirão aos incentivos e estímulos do ambiente, é possível, ao menos, teorizar sobre quais elementos contribuem para o comportamento e o pensamento dessas pessoas e como esses elementos se relacionam, de forma a constituir um processo coerente de formação, manutenção ou transformação das instituições de justiça. Uma série de experimentos e pesquisas com questionários ajudam, a partir de evidências empíricas, a sustentar as proposições teóricas desse sistema.

A Figura 2 apresenta um Esquema Circular Geral (ECG) desse processo para um agente. É *circular*, pois as instituições de justiça influenciam e são influenciadas pelo pensamento e comportamento do indivíduo; é *geral*, pois dá conta de explicar uma ampla variedade de contingências na qual a preocupação com justiça é levada à tona. Assim, esse esquema se torna uma ferramenta concisa, na medida do possível, para ilustrar todos os processos e fatores discutidos ao longo deste livro, servindo, também, como um guia para entender os encadeamentos lógicos dos elementos apresentados. Mais adiante, cada componente do ciclo será discutido e analisado em detalhes nos seus respectivos capítulos.

Sob uma perspectiva geral, nota-se que o esquema é dividido em quatro regiões (numeradas de 1 a 4), facilitando a visualização das especificidades e das contribuições de cada elemento no esquema como um todo. Assim, a região 1 é simplesmente definida como os estímulos que o indivíduo obtém do ambiente. A região 2 é dividida em duas partes, apresentando o processamento cognitivo e o processamento afetivo desses estímulos. Apesar de serem dois mecanismos diferentes, eles possuem um elevado grau de interação, como pode ser observado pelas setas. A região 3 apresenta os três elementos fundamentais de influência sobre o comportamento e o pensamento: as preferências sociais; as expectativas e crenças; e as emoções. A região 4 aborda os comportamentos em si: evidencia que eles podem ser gerados por uma rota heurística (ou Sistema 1) ou uma rota deliberacional (ou Sistema 2) e que podem ajudar a reforçar, contradizer ou criar novas normas e convenções de justiça. Como resultado, esses comportamentos geram um novo estímulo no ambiente, que será percebido por outros indivíduos, dando origem a um novo ciclo.

Duas questões importantes devem ser ressaltadas antes que se inicie uma análise mais pormenorizada de cada região ou elemento do ECG. A primeira se refere à contribuição relativa de cada um dos fatores que constituem o esquema. Desde o princípio, é necessário ter em mente que, mesmo que se possa realizar um estudo teórico ou experimental que dê um enfoque particular ou que tente isolar os efeitos específicos de cada um desses fatores, não é possível, nas interações sociais mais complexas, distinguir e determinar uma influência exclusiva para cada um deles, visto que todos estão em constante interação entre si, como apontado no próprio ECG. Isso não diminui a relevância do esforço despendido neste estudo, visto que ele se propõe a entender e organizar os elementos e mecanismos que compõem as relações entre os indivíduos e as instituições de justiça, não se preocupando em ser um modelo de previsão para contingências específicas (até por isso, é um modelo "geral"). A segunda questão, embora já tenha sido comentada na seção anterior, deve ser retomada para que o leitor fique atento ao modo como o Esquema Circular Geral se encaixa na concepção de um processo evolutivo das convenções e normas de justiça. O ECG, ao tratar da formação das percepções de justiça e dos possíveis comportamentos que se seguem a essas percepções, insere-se, pela categorização de Binmore e Samuelson (1994), no curto e no médio prazo de um processo evolutivo, abrindo espaço para a influência e o desenvolvimento de diversas instituições de justiça sobre os indivíduos. Portanto, o ECG não se preocupa em demonstrar ou provar quais serão as normas de justiça "vencedoras" específicas ou aquelas que se estabilizam e se tornam mais salientes no longo prazo dentro de uma determinada sociedade, mas sim em detalhar um processo visto sob o prisma de como o indivíduo interage com o ambiente institucional em determinado momento. No entanto, pode-se pensar que o processo descrito pelo ECG ocorre continuamente ao longo do tempo e é levado a cabo pelos indivíduos que compõem uma sociedade específica, de modo que, no longo prazo, esse conjunto de processos determinará algumas instituições mais estáveis e salientes do que outras, ainda que não se possa, através do ECG, prever especificamente quais serão elas.

Figura 2
Esquema Circular Geral

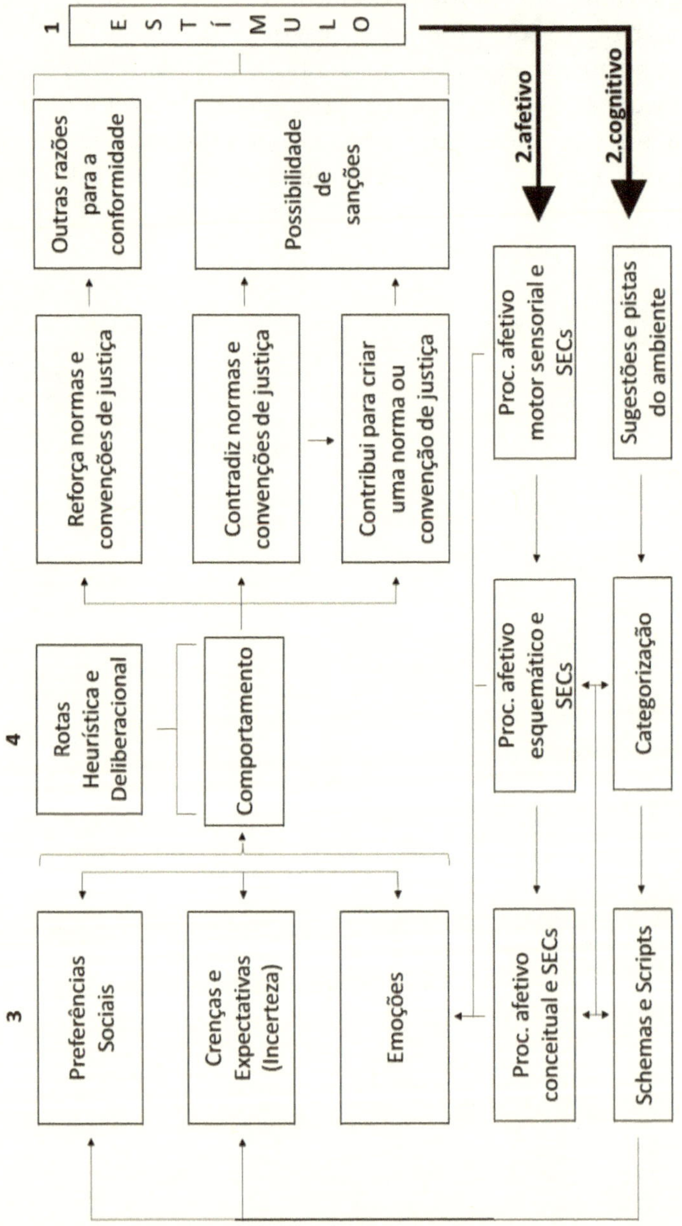

# Capítulo 2: Estímulos, Processamento Cognitivo, Expectativas e Crenças

## 2.1 O ambiente e a mente: estímulos e cognição

Pode-se começar a compreender o Esquema Circular Geral através da região 1, o retângulo escrito "estímulo". Entende-se por "estímulo" tudo aquilo que o indivíduo observa da realidade em que está inserido e os sinais que recebe do ambiente. Nesse estágio, essa observação da realidade chega ao agente de forma crua, de modo que só será útil para o indivíduo após ele perceber, categorizar e interpretar esse estímulo (ponto 2.cognitivo) ou processá-lo através do mecanismo afetivo (ponto 2.afetivo). Hodgson (1997) nomeia esses sinais como *dados sensoriais*:

> First it is necessary to distinguish between sense data and information. Sense data consist of the multitude of aural, visual and other signals that reach the brain. We have no other contact with the outside world other than through this sense data. However, they do not come packaged with concepts and meanings. Our knowledge of the world does not spring alive from the sensory data as they reach the brain. To derive information it is necessary that a prior conceptual framework is imposed on the jumble of neurological stimuli, involving implicit or explicit assumptions, categories or theories which cannot themselves be derived from the sense data alone. Often the sense data are open to different interpretations, as some simple and celebrated optical illusions demonstrate. The attribution of meaning is not direct or automatic. Sense data, like the proverbial facts, do not speak for themselves. There has to be a process of cognition, to provide a form that is meaningful and has informational content for the agent (HODGSON, 1997, p.673)

Um indivíduo processará um estímulo da realidade que o circunda por meio dos seus elementos cognitivos ou emocionais. Segundo Festinger (1962), os elementos cognitivos são sensíveis à essa realidade, seja ela de dimensão física, social ou psicológica:

> At this point we want to emphasize the single most important determinant of the content of these elements, namely, reality. These elements of cognition are responsive to reality. By and large they mirror, or map, reality. This reality may be physical or social or psychological, but in any case the cognition more or less map it. (...) In other words, elements of cognition correspond for the most part with what the person actually does or feels or with what actually exists in the environment. (FESTINGER, 1962, p.10-11)

Primeiramente, o indivíduo só prestará atenção ao estímulo que chega a ele se for capaz de reparar nas saliências das sugestões e pistas que advêm do seu contato com o ambiente. Assim, ele dará maior relevância a um subconjunto de características que compõem o estímulo que ele está recebendo. O conhecimento acumulado anteriormente e seus objetivos e aspirações são alguns fatores que ajudam a tornar determinada pista mais saliente. Isso implica que, já nessa primeira etapa de percepção de uma pista, existe a possibilidade de ocorrência de um *self-serving bias*, ou seja, de o indivíduo destinar sua atenção para uma saliência que, possivelmente, levará a uma interpretação da realidade que lhe beneficiará no processo e no alcance de algum de seus objetivos, transformando esse estímulo "cru" em uma informação de fato. Como salientado por Hodgson (1997), mesmo nessa primeira etapa do ECG já é possível notar que a atribuição de sentido para um estímulo não é direta ou automática, tampouco neutra, no sentido de que o nível de percepção das saliências depende da experiência passada e do que o indivíduo busca.

Se as saliências realmente influenciam na percepção de um estímulo e em sua atribuição de sentido, espera-se que a variação do nível da saliência altere esse processo de percepção. Diante disso, Molm et al. (2006) realizaram um experimento no intuito de testar se a presença, em maior ou menor grau, de uma saliência de conflito alterava a percepção de justiça dos indivíduos em diferentes tipos de processos de troca. Os participantes[18] do experimento deveriam realizar diversos turnos de um dos quatro possíveis processos de troca: troca negociada; troca recíproca com valor fixo e custo indireto; troca recíproca com valor variável e custo indireto; troca recíproca com custo direto. Todos os participantes (em todos os turnos) tinham a possibilidade de realizar o processo de troca com dois tipos de "agentes", A e B, ambos representados por uma simulação de computador[19]. A relação focal do experimento se deu entre o participante e o agente A, que induzia a resultados maiores, porém desiguais, ao passo que o agente B foi programado para aceitar e propor trocas igualitárias, porém de menor valor. Os participantes interagiram repetidamente com os mesmos agentes A e B em cada processo de troca. Na troca negociada, o indivíduo tinha até cinco tentativas para chegar a um acordo mútuo com o oponente (A ou B) para dividir determinado número de pontos[20]. Em cada tentativa, indivíduo e computador deviam, simultaneamente, informar o quanto gostariam de receber do total de pontos a ser distribuído. Após visualizar o pedido do adversário, deveriam decidir se aceitavam ou não a distribuição proposta por ele. Caso não aceitassem, poderiam repetir a

---

[18] 40 alunos de graduação participaram do experimento, sendo 5 homens e 5 mulheres em cada um dos 4 processos de troca.

[19] Os participantes eram mantidos em salas separadas e não sabiam que os parceiros de troca eram um computador com respostas pré-programadas.

[20] Os pontos variavam de 4 a 24, sendo que cada ponto valia 1 *cent* no pagamento final aos participantes do experimento para os casos das trocas recíprocas e 2 *cents* para os casos das trocas negociadas.

mesma proposta ou realizar uma proposta diferente na tentativa de chegarem a um acordo na rodada seguinte. Caso conseguissem chegar a um acordo, os indivíduos recebiam seus pontos. Caso contrário, ninguém recebia pontos.

A estrutura das trocas recíprocas foi definida de modo que o indivíduo e o computador deveriam decidir, simultaneamente, quantos pontos dar um para o outro, sem comunicação entre eles. O indivíduo, então, visualizava na tela do computador os pontos que ele havia recebido (ou não recebido) e continuava o jogo com seu adversário. Na troca recíproca com valor fixo e custo indireto, o valor que o indivíduo podia dar ao oponente era pré-determinado e igual a metade dos pontos da situação de troca negociada. O custo nesse caso é indireto, pois dar pontos ao oponente reduz a oportunidade do indivíduo em investir em uma relação que poderia ser mais vantajosa com outro oponente. Na troca com valor variável e custo indireto, o valor que poderia ser dado era escolhido pelo agente dentro de um intervalo pré-determinado. Por fim, na troca com valor variável e custo direto, os indivíduos ganhavam os pontos que não davam para o oponente, tendo que arcar, assim, com um custo direto caso resolvessem dar esses pontos.

Após o término do experimento, os participantes deveriam responder a uma sequência de perguntas cujas respostas variavam em uma escala de intensidade de 1 a 7. Essas perguntas refletiam uma série de medidas de justiça (sendo 1 completamente injusto e 7 completamente justo), de presença de saliência de conflito e competitividade (perguntas sobre a presença de harmonia ou conflito na relação entre o participante e o oponente, e sobre o nível de competitividade ou cooperação do oponente), além de medidas de atribuição de responsabilidade e intenção dos oponentes como definidores dos resultados (perguntas sobre o quanto o oponente era responsável pelos resultados e quão intencional eles tinham sido com suas ações). Como o foco do estudo era a relação entre o participante e o oponente do tipo A, apenas as respostas referentes a esse participante foram consideradas na análise dos resultados.

Uma característica de destaque desse estudo é que ele considera a percepção de justiça em suas três dimensões possíveis: distributiva, interacional e procedimental. A *justiça distributiva* se refere à percepção que os agentes formam em relação à distribuição final de bens ou direitos de propriedade em uma determinada interação social, sendo este o conceito de justiça mais comumente estudado e utilizado dentro da literatura econômica. Por sua vez, a *justiça interacional* é um conceito que foi elaborado dentro da literatura de justiça organizacional e pode ser compreendido como a percepção de justiça no tratamento que um agente tem em relação ao outro (Bies e Shapiro, 1987). Finalmente, a *justiça procedimental* reflete a preocupação dos indivíduos com o desenho dos processos e das condições que determinam os resultados finais de uma interação social (Thibault et al., 1974; Folger, 1977). Essa distinção entre diferentes tipos de justiça ressalta ainda mais a complexidade da estrutura na qual o indivíduo gera sua percepção de justiça e é levado a agir ou formular pensamentos sobre isso. Ressalta-se que nenhuma dessas possibilidades são mutuamente exclusivas, podendo surgir todas ao mesmo tempo.

A Tabela 2 mostra que os indivíduos reportaram uma percepção de justiça interacional e distributiva menor na troca negociada do que nos três tipos de trocas recíprocas, sendo que o nível de justiça procedimental na troca negociada só é maior do que o nível reportado para a troca recíproca com valor variável e custo indireto. Adicionalmente, a frequência de trocas efetuadas é significativamente menor para o caso de troca negociada em relação às trocas recíprocas.

Através de modelos de regressões, os autores mostraram que a relação entre a estrutura das trocas e o nível de percepção de justiça nas três dimensões estudadas é mediada pelo aumento gradual da saliência de conflito e de competitividade entre a troca recíproca com valor fixo e custo indireto (menor saliência) e a troca negociada (maior saliência)[21], mesmo que a troca negociada seja estruturalmente mais cooperativa do que as trocas recíprocas:

> We show that despite the greater structural cooperativeness of negotiated exchanges, they are perceived as less cooperative and more conflictual than reciprocal exchanges. (...) Our manipulations did not affect the greater structural cooperativeness of negotiated exchanges; all of our comparisons preserved that difference. But rather than reducing the sense of conflict in negotiated exchanges, we propose that the cooperative structure of negotiation may instead have the opposite effect. By providing a stronger moral framework for caring about injustice, the cooperative elements of negotiated exchanges may actually increase the likelihood that actors will take action to restore justice even at high cost to self. If so, the more cooperative structure of

---

[21] Molm et al. (2006) dão três explicações para a presença de uma saliência de conflito mais intensa nas trocas negociadas em comparação com as trocas recíprocas: "First, actors' outcomes are more easily compared in the bilateral transactions of negotiated exchange than in the sequentially contingent, unilateral acts of reciprocal exchange. (...) When outcome comparisons are easier and more obvious, actors' awareness of the objective inequalities and their subjective reactions to them should increase, heightening feelings of competition and conflict. Second, in negotiated exchanges, actions of the two parties (offering less, bargaining harder, refusing to make concessions) are, by definition, acts of commission explicitly directed at the other person with the intent of obtaining a more favorable deal for the actor at the other's expense. In reciprocal exchanges, inequality can instead result from acts of omission — from not acting — rather than from tough bargaining. (...) Third, the relative costs of exchange are more transparent and the relation of one actor's gain to another's loss more direct in negotiated than in reciprocal exchange." (p.2335).

negotiated exchange may account for the high rates at which disadvantaged actors refused to negotiate agreements with an unfair partner. Making an agreement with another is a cooperative act and one that is fundamentally inconsistent with perception of another as competitive and unfair. Participants in negotiated exchanges were willing to accept significant cost to self to avoid exchanging with an unfair partner, while participants in reciprocal exchanges continued to engage in such exchanges at far higher rates. (MOLM ET AL., 2006, p.2348-2349)

Tabela 2

Média e desvio padrão da percepção de justiça e frequência de trocas, pelo tipo de troca

| Respostas dos Participantes | Recíproca valor fixo e custo indireto | Recíproca valor variável e custo indireto | Recíproca valor variável e custo direto | Negociada |
|---|---|---|---|---|
| Justiça Interacional | 4.73 (1.13) | 3.83 (1.56) | 3.50 (1.91) | 2.80 (1.45) |
| Justiça Distributiva | 4.00 (1.89) | 3.40 (1.78) | 3.10 (1.91) | 2.40 (1.26) |
| Justiça Procedimental | 4.70 (1.25) | 3.40 (1.43) | 4.50 (2.17) | 4.30 (0.95) |
| Frequência de Trocas | 0.69 (0.17) | 0.60 (0.15) | 0.72 (0.13) | 0.34 (0.19) |

Fonte: adaptado da Tabela 1 de Molm et al. (2006, p.2342).

Após a primeira etapa do ECG na qual o indivíduo percebe as saliências das pistas e sugestões, ele realiza uma categorização do estímulo que se tornou saliente, como mostrado no segundo retângulo do ponto 2.cognitivo da Figura 2. Assim como o modo de percepção dos estímulos, esse é um processo que pode ser tanto consciente, como inconsciente, para além do controle voluntário do indivíduo[22]. Através da observação, da repetição de interações sociais ou da influência de efeitos de enquadramento, é possível categorizar a informação recebida dentro de um grupo. Esse grupo é formado por outros objetos, situações sociais ou padrões de interação, dentre os quais alguns desses elementos são utilizados como protótipos ou exemplos para ajudar a categorizar a informação. Um elemento é considerado um protótipo se ele é um exemplo típico, uma "tendência central" ou uma média dos elementos daquele grupo. Como ilustração, se alguém pensar no grupo das "aves", é mais provável que um canário ou uma pomba seja considerado um protótipo desse grupo do que um pinguim ou uma ema, embora seja importante notar que a categorização é culturalmente determinada, visto que um pinguim poderia até ser um protótipo de ave para um habitante do extremo sul da Argentina. Dessa forma, quanto mais as características da informação observada forem parecidas com os exemplos e protótipos de um grupo, maior será a probabilidade dessa informação ser alocada nessa categoria. No entanto, quando se considera alguma situação social, é muito mais difícil estabelecer protótipos e exemplos claros ou definir precisamente as fronteiras entre uma categoria ou outra:

> Social categorization is assumed to be a more complex process than object categorization in that social objects are variable, dynamic, interactive and therefore less predictable. As with non-social categories, members of a social category share common features, though some members are more prototypical than others. For example, consider our tendency to categorize or classify the people we know in terms of their dominant personality traits – John is 'neurotic', Sue is 'easy-going', Jane is 'shy'. Each of us has some representation of what it is to be 'neurotic',

---

[22] A discussão sobre os processos mais ou menos conscientes é realizada no Capítulo 5.

'easy-going' and 'shy', though we may differ in what we consider to be a typical or representative instance of such behaviour. Similarly, social situations are categorized in terms of representative features so that certain behaviour is anticipated and expected in certain contexts. For example, one generally knows what range of behaviours and social interactions characterizes a party which may be totally inappropriate in other social contexts. On the whole, however, category inclusion in the social world is a more variable process which is shaped and influenced by a multitude of factors. Categorizing people and events allows us to simplify and structure the social world and thus anticipate future behaviour and experiences. Some predictability and coherence is thereby given to our everyday social interactions. (AUGOUSTINOS AND WALKER, 1995, p.35)

Um exemplo relevante de categorização que se relaciona com a percepção de justiça é a identificação de uma situação como sendo uma interação competitiva ou cooperativa. Se, ao jogar um Jogo do Ultimato, o agente categoriza essa interação como uma interação competitiva, isso ativará um conjunto específico de preferências, expectativas e emoções que influenciarão a percepção de justiça do agente. Por outro lado, se ele categoriza esse jogo como uma situação de cooperação ou, ainda, entende que o dinheiro que ele deve dividir é, na realidade, um presente que ele pode dar para o outro jogador, o conjunto de fatores ativados será diferente, assim como sua percepção de justiça, como mostra o experimento de Molm et al. (2006). Uma interação de mercado, por exemplo, é uma categoria que tem propriedades específicas:

A market interaction, for example, involves specific roles (buyer and seller, worker and employer, debtor and creditor, etc.), the existence (or the possibility) of an exchange among the parties that is expected to benefit both, a medium of exchange (usually money), and the absence of any thought or intention of promoting the other party's ends. A market relation is expected to be an impersonal one, so much so that in my Italian childhood I was repeatedly taught, by means of ominous examples, that it is better never to enter into such a relationship with a good friend, on pain of damaging the friendship. (BICCHIERI, 2006, p.91)

Liberman et al. (2004) realizaram alguns experimentos utilizando o Jogo Dilema dos Prisioneiros[23] para verificar se o nome de apresentação do jogo influenciava na decisão tomada pelos participantes[24]. O experimento procura verificar se a mudança do nome do jogo é uma variação de saliência sensível o suficiente para mudar a categorização do jogo e o comportamento. Especificamente, os autores apresentaram o Dilema dos Prisioneiros sob dois nomes diferentes: para um grupo dos participantes, o jogo era apresentado como *Wall Street Game*, sugerindo uma categoria com um elevado teor de competitividade, individualidade e busca pelo ganho; para o

---

[23] O Dilema dos Prisioneiros é um jogo para dois jogadores que apresenta a seguinte matriz de recompensas:

Jogador 2

|  |  | Coopera | Não Coopera |
|---|---|---|---|
| **Jogador 1** | Coopera | $X_1, Y_1$ | $X_3, Y_2$ |
|  | Não Coopera | $X_2, Y_3$ | $X_4, Y_4$ |

Onde: $X_2 > X_1 > X_4 > X_3$ e $Y_2 > Y_1 > Y_4 > Y_3$.
Nesse jogo, embora a maior recompensa conjunta seja atingida através da cooperação dos dois jogadores $(X_1, Y_1)$, o equilíbrio de Nash para um jogo sem repetição é a não cooperação dos dois jogadores $(X_4, Y_4)$.
[24] Foram realizados 3 experimentos, sendo dois deles com estudantes de graduação da Universidade de Stanford e um deles com instrutores e aprendizes da *Israeli Air Force Training School*.

outro, o jogo era apresentado como *Community Game*, sugerindo um jogo mais cooperativo, além de colocar em evidência um interesse coletivo e um alto grau de interdependência entre os jogadores. Essa singela alteração na apresentação do jogo resultou em uma diferença sensível ao se comparar o percentual de cooperação entre os dois grupos. Em um dos experimentos, havia 12 pares em cada grupo, sendo que cada par jogava 7 vezes o jogo, resultando em 84 partidas por grupo. Para o grupo cujo jogo recebia o nome de *Community Game*, houve uma cooperação mútua em 43 partidas (51%) e uma não cooperação mútua em 16 (19%). Já para o grupo do *Wall Street Game*, foram apenas 11 partidas com cooperação mútua (14%) e 42 com não cooperação mútua (50%). Esses resultados mostram que os indivíduos de fato mudam a abordagem e o entendimento do jogo através dessa diferença na apresentação do jogo. Uma explicação possível para essa constatação empírica é que o nome do jogo gera um efeito de enquadramento que sugere uma categorização específica para ele, atribuindo um caráter mais competitivo ou cooperativo para o jogo. Entende-se aqui que a presença desse efeito de enquadramento não significa um desvio de racionalidade por parte dos indivíduos, pois, ainda que a mudança na apresentação do jogo não altere sua estrutura lógica, altera sua constituição informacional no sentido de uma racionalidade ecológica. O motivo disso é que há uma mudança na interação entre o indivíduo e o ambiente, de modo que os diferentes nomes podem trazer informações relevantes em forma de recomendações implícitas sobre como o jogo deve ser jogado. Como atesta Gigerenzer (2015), as pessoas tendem a assumir que a escolha do enquadramento "vaza" informações e que a capacidade de "ler entre as linhas" é cognitivamente mais exigente do que a limitada lógica de invariância descritiva.

Continuando o fluxo de processamento cognitivo apresentado no ECG, após a percepção dos estímulos e a categorização da informação, segue-se um processo de ativação de *schemas* e *scripts*. De acordo com Augoustinos e Walker (1995), *schemas* são estruturas mentais que contêm expectativas gerais e conhecimento sobre o mundo. Isso pode incluir expectativas gerais sobre pessoas, os papéis sociais e eventos, além de como se comportar em certas situações. Os indivíduos utilizam essas estruturas mentais para selecionar e processar a informação obtida do ambiente social, realizar atribuições causais e avaliar intenções após essa informação ser categorizada. Os *scripts*, por sua vez, são um tipo específico de *schema*[25], no qual a pessoa tem uma estrutura mental que codifica seu conhecimento geral sobre uma atividade ou um evento rotineiro (Bower et al., 1979)[26].

Damásio (1994) também prevê um processo de categorização dos estímulos salientes que serve de base para o que chama de *representações disposicionais*, conceito que tem uma

---

[25] Augoustinos e Walker (1995) caracterizam quatro tipos de *schemas*: *person schemas; self schemas; role schemas; event schemas* (ou *scripts*). Os *person schemas* são relacionados às estruturas mentais referentes às características pessoais (e.g. pessoa ansiosa, extrovertida, introvertida). Os *self schemas* são estruturas mentais que uma pessoa tem de si mesma, das características que ela crê que possuiu. Os *role schemas* se relacionam com os papéis específicos que uma pessoa desempenha na sociedade, tanto por características adquiridas (e.g. médico, engenheiro), quanto por características naturais (e.g. homem, mulher, brasileiro). Por fim, os *scripts* são estruturas relacionadas aos eventos sociais, incluindo os objetivos, expectativas e intenções dos agentes.

[26] Um exemplo de *script* proposto por Bower et al. (1979) é de "comer em um restaurante". O *script* prevê objetos (mesas, cardápio, comida, etc.), papéis sociais (cliente, garçom, cozinheiro, etc.), motivos e condições (o cliente tem fome e dinheiro) e uma sequência de comportamentos (o cliente entra no restaurante, senta em uma mesa, sinaliza para o garçom, o garçom traz o cardápio, etc.). Da mesma forma, antes de uma pessoa gerar suas percepções de justiça, ela acionará um *script* sobre uma situação específica (e.g. dividir uma quantidade de dinheiro, alocar bolsas para estudantes, etc.).

caracterização, se não idêntica, muito similar àquela dos *schemas*:

> (...) we can interpret the signals brought in at the early sensory cortices so that we can organize them as concepts and categorize them. (...) In between the brain's five main sensor input sectors and three main output sectors lie the association cortices, the basal ganglia, the thalamus, the limbic system cortices and limbic nuclei, and the brain stem and cerebellum. Together, this "organ" of information and government, this great collection of systems, holds both innate and acquired knowledge about the body proper, the outside world, and the brain itself as it interacts with body proper and outside world. This knowledge is used to deploy and manipulate motor outputs and mental outputs, the images that constitute our thoughts. I believe that this repository of facts and strategies for their manipulation is stored, dormantly and abeyantly, in the form of "dispositional representations" ("dispositions," for short) in the in-between brain sectors. (DAMÁSIO, 1994, p.93-94)

Seja através da ideia de *schemas* ou de representações disposicionais, o que se observa é um quadro teórico bem delimitado pelo qual se compreende a estrutura do processamento cognitivo. Contudo, para se evitar maiores confusões, adota-se, daqui por diante (e no ECG), apenas a nomenclatura de *schemas* e *scripts*.

Sendo assim, as normas dependerão da ativação dos *scripts* para que os indivíduos interpretem a realidade:

> Norms, I argue, are embedded into scripts, the rudimentary theories about social roles and situations that guide us in interpreting social interactions, forming expectations and predictions, assessing intentions, and making causal attributions. Once a script has been activated, the corresponding beliefs, preferences, and behavioral rules (norms) are prompted. The expectations

and preferences that determine our choices are thus the result of the activation of collectively shared scripts that are general enough to subsume a wide variety of situations. (BICCHIERI, 2006, p.xii)

Segundo Bicchieri e McNally (2015), os *schemas* estão conectados entre si em diferentes níveis, não existindo isoladamente. Essa totalidade de *schemas* forma uma rede semântica ou associativa, na qual a ativação de um *schema* específico prepara outros *schemas* diretamente relacionados a ele para serem ativados, como uma cadeia de ativação que vai se espalhando (*spreading activation*). Da mesma forma, as normas sociais podem ser ativadas através desse processo:

> The interconnected nature of schemata and the semantic networks in which they are embedded influences both perception and behavior. When one schema is activated, other schemata with which it is associated are simultaneously primed for activation. This process is known as spreading activation. This interconnected nature of schemata implies that social norms, which may be triggered by schemata, may in turn be indirectly activated through spreading activation. (BICCHIERI AND MACNALLY, 2015, p.8)

Os *schemas* e *scripts* podem ser entendidos como instituições, pois constituem um sistema socialmente compartilhado de regras de pensamento. Ele permite a ativação de determinadas crenças, preferências e sentimentos que, posteriormente, influenciarão em outras instituições, como as normas e convenções de justiça. Essas, por sua vez, preveem não só um sistema de regras de pensamento, mas também de comportamento.

Sendo uma instituição, percebe-se que os *scripts* exercem alguns tipos de influências sobre os indivíduos. Dentre os tipos de influência institucionais apontadas por Dequech (2013), os *scripts* exercem o tipo de influência cognitiva nas suas três dimensões: informacional, prática e profunda. Informacional pois eles podem preencher lacunas informacionais de situações sociais ambíguas, ou seja, situações cujo estímulo ou a informação recebida não seja muito clara para o indivíduo. Prática, pois incorpora um conhecimento tácito ou prático, provendo atalhos através do uso de heurísticas[27]. Por fim, profunda, pois os *scripts* influenciam no modo como as pessoas selecionam, organizam e interpretam uma informação. Augoustinos e Walker (1995) afirmam que:

> As existing cognitive structures, schemas can 'fill in' data that are missing from incoming social information. In such ambiguous situations, schemas can either direct a search for the relevant information to complete the stimulus more fully, or they can fill in the missing values with 'default options' or 'best guesses'. (...) Schemas can also provide short-cuts when processing information by the use of heuristics. For example, with limited information people use the representativeness heuristic (Kahneman and Tversky, 1972, 1973) to determine to what degree a specific stimulus is representative of a more general category. (AUGOUSTINOS AND WALKER, 1995, p.43-44)

Embora a teoria dos *schemas* e *scripts* descreva um modelo altamente cognitivo de como as pessoas processam estímulos e informações sociais, esse modelo não é incompatível com uma dimensão afetiva, também podendo exercer uma influência emocional sobre os indivíduos:

> Fiske's (1982) work on schema-triggered affect is central here. Fiske argues that some schemas are characterized by an affective/evaluative component, and that when an instance is matched against a schema, the

---

[27] O Capítulo 5 discutirá a influência das heurísticas na determinação do comportamento, vis-à-vis a influência de um processo cognitivo em que o indivíduo delibera em maior ou menor grau sobre seu comportamento.

affect/evaluation stored within the schema structure is cued. So, for example, we may experience automatic negative arousal at: the sight of a prototypical politician, or fear and anxiety in the presence of a dentist. There is no doubt that many racial schemas have a strong affective component, so that the mere sight of a person from a particular group may trigger emotions like fear and suspicion and evaluative judgements which are negative and derogatory. (AUGOUSTINOS AND WALKER, 1995, p.48)

Essa relação entre os processamentos cognitivos e afetivos pode ser observada no ECG (as setas que ligam os dois processamentos na região 2) e será explorada mais detalhadamente no Capítulo 4.

Em termos de teoria dos jogos, pode-se pensar que a existência de normas sociais apresenta ao indivíduo um jogo Bayesiano, no qual ele pode jogar um jogo com um indivíduo que segue a norma ou não. Os *scripts*, então, proveem as probabilidades a priori desse jogo[28]:

Once a situation is categorized as being of a certain type, a script is activated that will involve players' interlocking roles, a shared understanding of what is supposed to happen, and even prescriptions for unexpected occurrences. For example, once a particular fair division script is activated, an individual will have definite beliefs and expectations about other individuals she is interacting with, even if (or especially if) she does not know personally such individuals. In Chapter 1, I said that the existence of a social norm presents an individual with a Bayesian game: She may be interacting with other norm followers or instead with agents that do not abide by the

---

[28] Essa é apenas uma simplificação que ilustra um cenário ideal, já que, em situações complexas, as incertezas e a racionalidade limitada impedem que os *scripts* forneçam um vetor bem definido de probabilidades.

norm. I left open the question of where the prior probabilities came from. I want to argue that scripts provide such priors. Once a fair division script is activated, an agent will know what to expect from other agents, and this can be modeled as if the agent were playing a Bayesian game in which the priors are given and favor following the norm. (BICCHIERI, 2006, p.96)

Após observar, selecionar e interpretar as informações através de *scripts* socialmente compartilhados, o comportamento e o pensamento do indivíduo serão determinados por alguns fatores, separados em 3 blocos na região 3 do ECG: as preferências; as crenças e expectativas; as emoções. Cada um desses fatores irá influenciar o indivíduo de modo particular, dependendo do *script* acionado. Portanto, é primordial reconhecer e entender que muito do que o indivíduo pensa, além do modo como ele age, dependem da ativação e contribuição de cada uma dessas características. Posteriormente, esses pensamentos e comportamentos reforçam, contradizem ou criam novas normas e convenções (região 4).

É necessário ressaltar que as normas e convenções de justiça são conceitos *locais*, isso é, suas interpretações e o que elas prescrevem variam com os objetos, pessoas e situações que elas se aplicam, aumentando a variedade de *scripts* que podem ser acionados. No entanto, o grau de localidade pode variar entre diferentes normas e convenções. Por exemplo, uma norma de justiça geralmente é aplicada para qualquer indivíduo de uma sociedade, ou seja, o comportamento ou pensamento que ela prescreve em determinada situação independe da pessoa a que ela é direcionada (e.g. distribuir uma cesta de bens igualitariamente, independentemente de quem faz parte do grupo de pessoas que receberá esses bens). Por outro lado, uma norma de confiança é mais localizada, pois não prevê que uma pessoa confie em qualquer um, apenas em seus parentes ou conhecidos (Biccheri, 2006). O grau de localidade também pode variar de uma cultura para outra. Uma norma de justiça na alocação de bolsa para estudantes, por exemplo, pode ser concebida de modo a ressaltar a impessoalidade e a meritocracia por meio de testes padronizados. No entanto, em algumas culturas, a presença e a aceitação de ações afirmativas aumentam o grau de localidade da norma de justiça, pois, mesmo que se espere que esse tipo de norma seja insensível à identidade das pessoas, ela não é insensível aos atributos pessoais relevantes à alocação que está sendo considerada. Nesse caso específico das ações afirmativas, o nível de renda da pessoa ou sua etnia são atributos pessoais que definem as regras de alocação das bolsas.

Em suma, essa localidade das normas e convenções de justiça destaca ainda mais a variedade de *scripts* que podem ser acionados em cada situação e, como aponta Biccheri (2006), isso gera diferentes tipos de expectativas, preferências e emoções, definindo um conjunto heterogêneo de percepções de justiça:

> The foregoing complications depend on the fact that the most important prosocial norms, like fairness, reciprocity, or beneficence, are local, insofar as their content and recommendations are context-dependent. Different contexts will activate different interpretations of what it means to be fair, to reciprocate, or to be generous, and will therefore generate different beliefs, expectations, emotions, and behaviors. (BICCHIERI, 2006, p.79)

## 2.2 Expectativas e crenças

A estrutura cognitiva formada pela ativação de *schemas* é responsável direta pela formação das crenças e expectativas e pelo papel fundamental que esses fatores têm no Esquema Circular Geral, como pode ser observado na região 3. O motivo disso é que o comportamento e o pensamento dos indivíduos são formados dentro de um contexto social e temporal. Dessa forma, o comportamento e pensamento dos outros indivíduos também importam, seja no passado, presente ou futuro. Como não é possível prever com completa exatidão o modo de agir ou de pensar das outras pessoas, nem mesmo é possível determinar, de antemão, o conjunto dos resultados possíveis de uma determinada interação social mais intricada, é de se esperar que as crenças e expectativas dos agentes influenciem as instituições, particularmente aquelas referentes às percepções de justiça. Isso evidencia que muitas das escolhas dos indivíduos se dão dentro de um ambiente de incerteza, sendo que, pelo menos no que concerne às decisões institucionais mais interessantes e complexas, é um tipo de incerteza procedimental e/ou uma incerteza fundamental. A incerteza procedimental advém de uma realidade complexa, que é povoada por agentes individuais ou coletivos que têm capacidades mentais ou computacionais limitadas, ou seja, indivíduos dotados de uma racionalidade limitada. A complexidade do ambiente se dá tanto pela possibilidade de uma elevada quantidade de informações (*extensiveness*) ou pela densidade das ligações estruturais e das interações entre as partes de um sistema interdependente (*intricacy*). Por seu lado, a incerteza fundamental é um tipo de incerteza na qual o futuro não pode ser antecipado por uma estimativa probabilística confiável, pelo fato de o futuro ainda não ter sido criado. Ela também é caracterizada pela possibilidade de criatividade e de mudanças estruturais não predeterminadas. A criatividade pode ser entendida como a capacidade de criar e adquirir novas informações, além da capacidade de imaginar um futuro estruturalmente diferente do presente. Por sua vez, as mudanças estruturais não determinadas podem se referir tanto às inovações tecnológicas quanto às mudanças políticas, sociais e culturais, que podem ter um impacto significativo nas preferências, nas relações entre os agentes, nas decisões do governo, e que, eventualmente, determinam transformações nas normas e convenções de justiça (Dequech, 2011a). Esses dois tipos de incerteza são compatíveis com o Esquema Circular Geral, pois ele leva em consideração a complexidade do ambiente e a possibilidade de criação de novas convenções e normas de justiça[29] (região 4).

No que diz respeito às expectativas que os agentes formam e que são essenciais para a sustentação das instituições vigentes, pode-se classificá-las em dois tipos: *expectativa empírica* e *expectativa normativa*. De acordo com Bicchieri e Xiao (2009), uma expectativa empírica de conformidade com determinada norma significa que o indivíduo espera que a norma seja seguida pela maioria das pessoas nas circunstâncias apropriadas. A formação desse tipo de expectativa pode se basear em observações passadas de conformidade, em suas consequências, em um conhecimento indireto ou mesmo através de uma projeção, ou seja, através do pensamento que um indivíduo possa ter de que as outras pessoas se comportariam do mesmo modo que ele em circunstâncias similares. Por sua vez, uma expectativa normativa surge quando o indivíduo acredita que as outras pessoas pensam que ele *deve* se comportar conforme uma dada norma social. Pela definição dos autores, os dois tipos de expectativas são necessários para a existência de uma norma social, ao passo que apenas é preciso que haja uma expectativa empírica para a formação de convenções.

Um experimento com o Jogo do Ultimato realizado por Marchetti et al. (2011) ajuda a mostrar como o processamento cognitivo contribui para determinar

---

[29] A incerteza fundamental é compatível com o Esquema Circular Geral não apenas por permitir a criação de novas instituições, mas também por sofrer influência das próprias instituições. Isso significa que, assim como argumentado em Dequech (2000), esse tipo de incerteza não é sinônimo de uma ignorância absoluta, mas sim pode aparecer com graus diversos de incerteza (ao menos em uma medida ordinal). O que regula esse grau de incerteza é justamente a presença mais ou menos forte das instituições nas interações sociais.

comportamentos que procuram se conformar com determinada expectativa normativa. Nesse experimento, os participantes[30] faziam o papel de respondentes no Jogo do Ultimato, recebendo uma oferta monetária de um suposto proponente do mesmo gênero que o participante. No entanto, antes de receberem a oferta, cada grupo, formado por 10 participantes, recebia algum tipo de informação em relação ao proponente:

a) Sem informação, sendo a condição de controle (No descr.).

b) Descrição física: Mary/Peter tem 20 anos de idade. Ela/Ele é alto, com olhos castanhos e cabelo escuro. Ela/Ele geralmente se veste de um modo sério (Phys, descr.).

c) Descrição psicológica generosa: Mary/Peter é uma pessoa generosa e altruísta. Ela/Ele sempre leva em consideração o ponto de vista das outras pessoas, bem como suas necessidades. Mary/Peter acha que respeito e justiça são valores fundamentais nas relações humanas (Gen. descr.).

d) Descrição psicológica egoísta: Mary/Peter é uma pessoa egoísta e desconfiada. Ela/Ele leva primeiro em consideração suas próprias metas e interesses. Mary/Peter acha que buscar o sucesso próprio é um valor fundamental nas relações humanas (Self. escr.) (Marchetti et al., 2011).

De um montante a ser dividido de 100 euros, os participantes recebiam dois tipos de ofertas: 10 euros (*unfair*) e 40 euros (*fair*). O Gráfico 1 mostra o percentual de aceites das ofertas para cada combinação de descrição do proponente e tipo de oferta.

---

[30] Participaram do experimento 240 estudantes de graduação da Università Cattolica del Santo Cuore, em Milão. Pela participação, os estudantes receberam créditos de seus cursos.

Gráfico 1
Percentual de Aceites Por Tipo de Oferta e Perfil do
Proponente

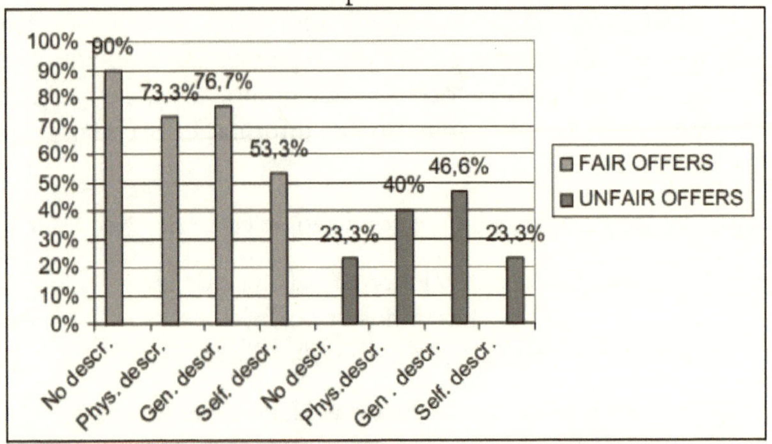


Retirado de Marchetti et al. (2011), p.447.

O resultado mais interessante desse experimento é que uma descrição psicológica egoísta reduziu significativamente o percentual de aceitação em comparação com as outras condições, mesmo para ofertas consideradas justas (53,3%). O efeito contrário ocorre para uma descrição generosa do perfil psicológico do proponente: mesmo recebendo uma oferta de apenas 10 euros, o nível de aceitação foi relativamente elevado (46,6%). Isso indica que a descrição psicológica funciona como uma saliência forte o suficiente para alocar os proponentes em categorias diferentes e ativar *schemas* específicos, que estão relacionados a determinadas expectativas normativas, ou seja, a como devem se comportar pessoas egoístas e generosas. Segundo os autores:

> One explanation for this curious finding is that the description of a partner as selfish has 'raised the bar' for the norm of fairness from this partner, suggesting that an offer has to be even more fair to be recognized as such by the Responder. Recent work has demonstrated that expectations can play a surprisingly important role in how

we make social decisions (Sanfey, 2009). (MARCHETTI ET AL., 2011, p.448).

Na literatura *mainstream*, a presença das expectativas e crenças no estudo de justiça começou a ter um destaque maior a partir do modelo desenvolvido por Rabin (1993). Supondo um jogo de estratégias finitas para dois jogadores, ele criou um modelo que incorpora explicitamente as crenças dos agentes: a recompensa do agente 1 depende não apenas das ações tomadas, mas também de suas crenças em relação aos motivos do agente 2. Com esse modelo, o autor procura incorporar o fato estilizado de que as pessoas têm uma motivação para recompensar (punir) quem tem um comportamento bom (ruim) em relação a elas, mesmo que incorram em sacrifícios materiais próprios. Adicionalmente, o modelo procura evidenciar que essa motivação possui uma relação inversa com o valor do ganho material. Isso quer dizer que, quanto maior for o valor do possível ganho material do que está em jogo, menor é o peso das considerações de justiça dos agentes[31].

Falk e Fischbacher (2006) também desenvolveram um modelo que incorpora as crenças na função de utilidade. A contribuição desse estudo em relação ao de Rabin (1993) foi ressaltar que a reciprocidade não é definida exclusivamente pelas intenções, mas também pelos resultados. Além disso, o conceito de bondade é baseado em comparações interpessoais,

---

[31] Nelson (2001) propõe uma modificação na função de utilidade de Rabin (1993), de forma a permitir retornos marginais decrescentes na utilidade material em relação à utilidade total do indivíduo. Isso implica que as considerações de justiça não terão um impacto monotonicamente decrescente no comportamento conforme o valor material disputado aumente, mas sim terá uma influência similar a uma curva em formato de U. Isso significa que, conforme o *stake* aumenta, a importância relativa de justiça diminui apenas até um certo ponto, a partir do qual volta a crescer na função de utilidade. Essa alteração permite entender, por exemplo, o motivo de alguns milionários realizarem doações e passarem a se preocupar com questões sociais distributivas.

dependendo da diferença das recompensas entre os jogadores e do conjunto de estratégias disponíveis. Essas duas diferenças em relação ao modelo de Rabin permitiram caracterizar melhor como os indivíduos avaliam determinada ação como sendo mais ou menos justa e, portanto, compreender melhor alguns fatos estilizados observados em uma série de jogos distributivos. Por exemplo, assim como Levine (1998), Falk e Fischbacher conseguem explicar o resultado observado em um experimento com um Jogo da Centopeia[32] de quatro movimentos. Eles perceberam que 93% dos jogadores não pegam o dinheiro no primeiro movimento, 62% no segundo, 35% no terceiro e 25% no quarto. Levine explica esse fato estilizado através do nível de altruísmo que o indivíduo possui e do quanto ele leva em consideração o nível de altruísmo do oponente, o que é compatível com a explicação de Falk e Fischbacher, na qual os autores ressaltam uma reciprocidade advinda da percepção de intenções do oponente que, nesse caso, poderia ser entendida justamente como uma intenção de ser altruísta.

Van Winden (2007) resume bem a contribuição dos modelos de Rabin (1993) e de Falk e Fischbacher (2006) ao

---

[32] O Jogo da Centopeia é um jogo na forma extensiva para 2 jogadores, no qual, alternadamente, cada jogador deve decidir se pega o dinheiro do pote ou deixa o dinheiro, que vai aumentando ao longo do tempo, como se fosse um investimento:

| Continuar | Continuar | Continuar | Honrar |
| --- | --- | --- | --- |
| 1 ——— 2 ——— 1 ——— 1 · · · 2 ——— 100 , 100 |

| Fim | Fim | Fim | Pegar |
| --- | --- | --- | --- |
| 2 , 0 | 1 , 3 | 4 , 2 | 99 , 101 |

O problema é que, caso o outro jogador escolha pegar o dinheiro logo no próximo turno, o jogador da vez receberá menos do que se ele mesmo tivesse decidido pegar o dinheiro. O único equilíbrio perfeito em subjogo indica que o primeiro jogador vai pegar o dinheiro logo no primeiro turno. No entanto, a calibragem de Levine (1998) mostra que, na maioria das vezes, o jogo não termina no primeiro turno.

reconhecer o papel central das intenções e das crenças dos agentes, embora também admita que o comportamento dos indivíduos nesses modelos obedeça à maximização de utilidade, à busca racional de preferências estáveis e crenças consistentes:

> In intention-based reciprocity models it is not the outcomes of the interaction as such that matter, but the intentions of the players (Rabin, 1993; see also Falk and Fischbacher, 2006). The idea is that people want to reciprocate perceived (un)kindness with (un)kindness, because this increases their utility. Obviously, beliefs play a crucial role here. More formally, in this case, in addition to an individual's own payoff a new argument is inserted in the utility function incorporating the assumed reciprocity motive. As a consequence, if someone is perceived as being kind it increases the individual's utility to reciprocate with being kind to this other person. Similarly, if the other is believed to be unkind, the individual is better off by being unkind as well, because this adds to her or his utility. (...) Note that the two modeling approaches discussed above incorporate fairness by just adding an argument in the utility function. Behavior is still assumed to be in line with the rational pursuit of stable preferences, consistent beliefs, and the maximization of utility. (…) Nonetheless, these models have been quite successful in providing an explanation for experimental findings concerning a variety of games. (VAN WINDEN, 2007, p.39)

Berg e Gigerenzer (2010), por sua vez, têm uma postura mais crítica em relação à concepção que Matthew Rabin tem de como a psicologia pode contribuir para a teoria econômica. De acordo com os autores, utilizar alguns *insights* psicológicos meramente como um instrumento para construir uma função de utilidade mais completa, sem questionar os axiomas da racionalidade e das preferências bem-comportadas, é continuar ignorando questões comportamentais mais primordiais e substantivas sobre como os indivíduos realmente escolhem e decidem, de forma a construir uma descrição empírica mais exata desses processos.

Seja como for, nota-se que o papel das expectativas e crenças nesses modelos está diretamente relacionado com a presença de preferências sociais como a reciprocidade e o altruísmo, cuja importância e influência dentro do ECG será analisada em seus pormenores no Capítulo 3. Independentemente do recorte analítico que se faça, é essencial notar que esse tipo de interação entre os elementos do ECG é uma constante nos modelos e experimentos citados ao longo deste livro, reforçando a noção de que, na prática, as influências desses elementos sobre a percepção de justiça e sobre o comportamento ocorrem ao mesmo tempo, variando seu grau de intensidade.

Embora os modelos de Rabin (1993) e de Falk e Fischbacher (2006) permitam entender melhor alguns fatos estilizados e sejam exemplos de uma teoria que se preocupa em incorporar a percepção de uma justiça interacional entre os indivíduos, é importante notar que o tipo de expectativa inserida nele não é do tipo normativa, mas sim de expectativas empíricas ou crenças de primeira ou segunda ordem. A diferença é que a expectativa normativa, como definida por Biccheri e Xiao (2009), requer que o indivíduo creia que o outro agente *deva* e tenha uma *obrigação* de agir conforme esperado. Isso significa que há uma camada moral nas expectativas normativas, o que é algo que não está presente no caso das expectativas empíricas ou nas crenças de primeira e segunda ordem, sendo que essas duas últimas lançam mão de uma probabilidade subjetiva para a ocorrência de determinado comportamento ou evento.

A presença de expectativas normativas em questões de justiça é um subproduto natural do processamento cognitivo que os indivíduos realizam em seus ambientes institucionais específicos, com padrões de referência comparativos e *schemas* estabelecidos. Por exemplo, sob a perspectiva da justiça distributiva em estudos sociológicos, Shepelak e Alwin (1986) destacam a contribuição de Berger et al. (1972) no reconhecimento do caráter normativo das expectativas:

> Indeed, Berger et al. (1972:122) have argued that distributive justice issues arise only in the presence of a "stable frame of reference," from which the meaning of justice derives. Berger et al. (1972) formulate the process of justice evaluation in terms of referential standards — frames of reference that contain empirical information regarding the characteristics and rewards of generalized individuals. According to this theory, persons develop expectations about their reward levels using existential standards, and these expectations have a normative character. By comparing self with similar generalized others, persons come to expect the same reward level that is typically allocated to persons like themselves. Going rates of return to reward-relevant characteristics are, according to Berger et al., reflected within the referential reward structure, and persons' expected or "just rewards" are based on the existential terms of known patterns of exchange. Since the referential reward structure consists of stereotypic information about the relation between levels of characteristics possessed by the generalized reference other [constributions or investments in Homans' terms, or more generally, inputs (see Walster et al., 1976) and levels of reward, these stereotyped conceptions about "what is" become the basis for defining "what ought to be" in local comparative evaluations. Summarizing this principle, Berger et al. (1972:139) write, "As a consequence of beliefs about what is typically the case, expectations... come to be formed about one can legitimately claim ought to be the case." (SHEPELAK AND ALWIN, 1986, p.32)

Apesar da presença das expectativas ser necessária para o surgimento de normas e convenções de justiça, Lamba e Mace (2013) ressaltam que a coordenação dessas expectativas também é um fator necessário. No entanto, eles não conseguem encontrar essa coordenação de expectativas em conjunto com a ativação de normas de justiça em seu experimento. Utilizando o Jogo do Ultimato em um grupo etno-linguístico na Índia, os autores observaram que não há uma covariação no comportamento dos proponentes e respondentes e concluem que, por isso, não é a presença da conformidade com determinada norma de justiça que regula o comportamento em situações de barganha, mas sim a sensibilidade dos indivíduos com relação às condições locais do ambiente:

> Fairness norms are defined as culturally transmitted equilibria at which bargainers have coordinated expectations from each other. Hence, if fairness norms exist at the level of the ethno-linguistic group, we should observe two patterns. First, cultural conformism should maintain behavioural homogeneity within an ethno-linguistic group. Second, bargainers' expectations should be coordinated such that proposals and responses to proposals should covary. Here we show that neither of these patterns is observed across 21 populations of the same ethno-linguistic group, the Pahari Korwa of central India. Our findings suggest that what constitutes a fair division of resources can vary on smaller scales than that of the ethno-linguistic group. Individuals' local environments may play a central role in determining conceptions of fairness. (LAMBA e MACE, 2013, p.1)

Embora o resultado encontrado por Lamba e Mace (2013) não possa ser ignorado, pode-se argumentar que as condições do Jogo não permitiram que os jogadores tivessem tempo suficiente para reconhecerem, selecionarem e aplicarem os mesmos *scripts* que utilizam em situações de divisão no dia-a-dia. Portanto, talvez o experimento não tenha sido longo o suficiente para que houvesse um aprendizado de como jogar o jogo e categorizá-lo, permitindo, assim, coordenar as expectativas dos jogadores e aplicar as normas de justiça do grupo.

O estudo de Alesina et al. (2004) dá um indício de que as expectativas sobre os processos sociais distributivos têm um papel explicativo elevado na percepção de justiça das pessoas e, consequentemente, no seu grau de felicidade. Utilizando algumas questões do *United States General Social Survey* (1972-1997) e o *Euro-barometer Survey Series* (1975-1992) e controlando por variáveis macroeconômicas (taxa de inflação e taxa de desemprego), microeconômicas (e.g. idade, empregado ou não, renda) e por variáveis binárias identificando cada estado dos EUA, cada país da Europa e cada ano do estudo, os autores estimaram uma regressão logit para verificar a influência do nível de desigualdade, medida pelo índice de Gini, na felicidade de habitantes dos Estados Unidos e de alguns países da Europa[33]. Eles constataram que tanto os americanos quanto os europeus reportaram, na média, um menor nível de felicidade quanto maior era a desigualdade. Porém, quando se divide a população entre rica e pobre e de posicionamento político tendendo para a esquerda ou para a direita, a influência da desigualdade sobre a felicidade varia entre a Europa e os EUA. Nos países europeus, os pobres e de esquerda são afetados fortemente e de modo negativo por um aumento da

---

[33] A questão utilizada para mensurar o nível de felicidade no United States General Social Survey era "Taken all together, how would you say things are these days—would you say that you are very happy, pretty happy, or not too happy?". No Euro-barometer Survey Series foram utilizadas duas questões: "Taking all things together, how would you say things are these days—would you say you're very happy, fairly happy, or not too happy these days?" e "On the whole, are you very satisfied, fairly satisfied, not very satisfied or not at all satisfied with the life you lead?". Os países europeus incluídos no estudo foram: Bélgica, Dinamarca, França, Alemanha, Irlanda, Itália, Luxemburgo, Holanda, Reino Unido, Grécia, Espanha e Portugal (Alesina et al., 2004).

desigualdade, mas o efeito desse aumento para os ricos e de direita é menor em tamanho e estatisticamente insignificante. Observa-se um padrão oposto nos EUA, isso é, o grupo mais afetado negativamente por um maior nível de desigualdade é o dos ricos, sendo que os pobres e de esquerda parecem não ser afetados pela desigualdade. Assim como na Europa, aqueles que fazem parte do espectro direito do pensamento político americano também não reportaram uma sensibilidade significativa com a variação da desigualdade. A explicação dos autores para esse resultado é de que as pessoas creem que a sociedade americana possui mais mobilidade social do que a europeia, elevando a chance de os pobres se tornarem ricos, mas, por outro lado, de os ricos se tornarem mais pobres:

> We argue that these results are due to different perceptions of the degree of social mobility in the US and Europe. Americans believe that their society is mobile so the poor feel that they can move up and the rich fear falling behind. In Europe, a perception of a more immobile society makes the poor dislike inequality since they feel "stuck". Alesina et al. (2001) provide different evidence that this is indeed the case. For instance, according to the World Values survey less than 30% of Americans believe that poor are trapped in poverty while 60% of Europeans have this belief. Americans definitively believe that society is mobile and one can escape poverty with hard work. When asked about poverty, in fact about 60% of Americans believe that the poor are lazy while less than 30% of Europeans have the same beliefs. The same authors point out the large mismatch between these strong beliefs and available measures of actual mobility in Europe and US, but for our purposes what matters are individuals' beliefs. (ALESINA ET AL., 2004, p.2011)

Desse modo, se as pessoas possuem uma crença de que o nível de desigualdade é definido, em grande parte, pela capacidade individual de determinação de sua renda relativa, como aparenta ser o caso dos EUA, é de se esperar que um aumento do nível de desigualdade não seja percebido tanto como uma injustiça, mas sim como uma incapacidade daqueles que possuem menos renda. Assim, a elevação do nível de desigualdade, intermediado pela expectativa de que é possível ascender na escala social caso haja um aumento do esforço próprio, não causa uma diminuição da felicidade em uma grande parcela da população. Por outro lado, é preciso destacar que os ricos americanos ainda reportaram uma diminuição da felicidade com o aumento da desigualdade. Talvez uma parte da explicação se dê por conta de um *warm glow*, ou seja, os ricos americanos sentem prazer em ajudar e se preocupar com os mais pobres, refletindo, também, que a igualdade é um "bem normal" ou um "bem de luxo" para os americanos. Outra possibilidade de explicação para essa constatação é de que existe uma norma de justiça diferente entre ricos e pobres, embora não seja possível tirar essa conclusão apenas com o resultado desse estudo.

O experimento realizado por Gee et al. (2017) corrobora a conclusão do estudo de Alesina et al. (2004), no sentido de que mostra que os indivíduos não enxergam a desigualdade de renda como um problema, caso acreditem que esse nível de desigualdade seja definido através de processos meritocráticos, no qual a renda pessoal tem uma correlação positiva com a performance individual. O objetivo do experimento era averiguar como um aumento de desigualdade exógeno – desigualdade baixa vs. desigualdade alta - em dois tipos de procedimentos alocativos de renda – performance em uma tarefa vs. sorte – alteraria o desejo de redistribuição dessa renda entre aqueles que receberam a melhor remuneração (*top performance*) e aqueles que receberam a pior remuneração (*bottom performance*). Esse tipo de estrutura gerou quatro cenários diferentes no experimento: procedimento de performance e baixa desigualdade; procedimento de performance e alta desigualdade; procedimento de sorte e baixa desigualdade; procedimento de sorte e alta desigualdade.

O experimento consistiu em alocar uma parte dos participantes[34] no procedimento de sorte e outra parte no procedimento de performance. No procedimento de sorte, havia uma probabilidade igual a 1/3 de os indivíduos serem alocados em cada um dos três níveis de renda: *bottom, middle e top*. No procedimento de performance, os participantes deveriam realizar uma tarefa no computador, cuja performance definiria seu nível de renda (os mesmos três níveis do outro procedimento). A Tabela 3 mostra o pagamento recebido em cada nível de renda, considerando dois modos possíveis de pagamento determinados pelos próprios pesquisadores, nos quais um deles gerava um nível de desigualdade maior do que o outro:

Tabela 3

Pagamento recebido por nível de renda nos dois cenários de desigualdade

| Nível de renda | Desigualdade alta | Desigualdade baixa |
| --- | --- | --- |
| *Bottom type* | $0 | $6 |
| *Middle type* | $9 | $9 |
| *Top type* | $18 | $12 |

Fonte: adaptado da Tabela 1 de Glee et al. (2017).

Antes mesmo de iniciar o experimento, os participantes eram informados que, após a determinação do seu nível de renda, formariam um grupo junto com outros dois participantes. Após a determinação das rendas, cada indivíduo do grupo (já sabendo sua renda, mas não sabendo a renda dos

---

[34] Participaram do experimento 267 estudantes da Tufts University. Foram conduzidas 21 sessões de 1 hora para o experimento, sendo que cada sessão envolvia de 9 a 18 participantes. Cada indivíduo participou em apenas uma sessão. O ganho médio foi de $15, incluindo um pagamento base de $5 pela participação.

outros participantes do grupo) deveria escolher uma taxa de redistribuição da renda. A taxa podia variar entre 0 e 100%, em incrementos de 10%, e determinava a transferência desse percentual de renda do(s) *top type* do grupo para o(s) *bottom type*. Como eram três escolhas de taxa, uma para cada participante do grupo, a taxa final aplicada seria a mediana entre elas[35].

Através desse experimento realizado nos quatro tipos de cenários, os autores conseguiram estimar a diferença-em-diferenças sobre as escolhas redistributivas, ou seja:

$$(E[Redistribuição|Performance \& Desigualdade\ alta]$$
$$- E[Redistribuição|Performance \& Desigualdade\ baixa])$$
$$- (E[Redistribuição|Sorte \& Desigualdade\ alta]$$
$$- E[Redistribuição|Sorte \& Desigualdade\ baixa])$$

Eles encontraram que um aumento da desigualdade aumenta o nível de redistribuição quando o procedimento alocativo da renda é determinado pela sorte, ao passo que, quando o procedimento alocativo é baseado na performance individual, o aumento da desigualdade não tem um efeito estatístico significativo sobre o apoio para a redistribuição da renda. Os autores acreditam que uma possível explicação para isso é que as pessoas tomam a renda conseguida através do esforço como um sinal de merecimento e, portanto, não se

---

[35] Por exemplo, considerando o cenário de alta desigualdade, se um grupo era composto por 1 *top*, 1 *middle* e 1 *bottom* e a taxa de transferência escolhida havia sido de 50%, então 50% do pagamento do *top type* seria transferido para o *bottom*, de forma que a remuneração final seria: *bottom* \$9, *middle* \$9, *top* \$9. Caso houvesse mais do que um *top*, por exemplo, a taxa de redistribuição seria aplicada para ambos e o montante total transferido ao *bottom*. Por outro lado, caso houvesse dois *bottom*, ambos dividiriam o percentual de redistribuição da renda do *top type*. Deve-se notar que, como a formação do grupo era aleatória, só haveria possibilidade de redistribuição de renda se o grupo contivesse, ao menos, um indivíduo do tipo *bottom* e um do tipo *top*. Também é interessante notar que a renda do *middle* nunca é modificada, dando-lhe uma espécie de neutralidade em relação à redistribuição da renda.

observa um aumento das taxas de redistribuição ao se comparar os cenários de performance com desigualdade alta e baixa. No entanto, como apontam os autores, para os dois cenários em que o procedimento alocativo de renda era a performance individual, a mudança do nível de desigualdade foi determinada exogenamente, pelo próprio desenho do experimento. Assim, não há uma razão relacionada à performance para que um participante *top type* do tratamento com alta desigualdade mereça um pagamento maior do que um *top type* do tratamento com baixa desigualdade. Da mesma forma, não há uma razão relacionada à performance para que um participante *bottom type* do tratamento com alta desigualdade mereça um pagamento menor do que um *bottom type* do tratamento com baixa desigualdade. Ainda assim, ao contrário do que ocorre com os cenários cujo procedimento alocativo é a sorte, o suporte para a redistribuição da renda nos cenários de performance não aumenta com o aumento da desigualdade. Pode-se pensar que, mais do que uma questão de merecimento, essa constatação experimental demonstra o funcionamento de uma norma de justiça procedimental, na qual os indivíduos acreditam que o procedimento distributivo é justo para os casos em que os resultados refletem as diferenças de produtividade ou contribuição, ainda que o tamanho dessas diferenças seja irrelevante para a percepção de justiça, de modo que os indivíduos buscam equalizar suas rendas relativas apenas nas situações em que essas rendas são determinadas pela sorte. Desse modo, esse resultado, encontrado através de experimentos de laboratório, corrobora as evidências encontradas por Alesina et al. (2004), nas quais uma sociedade (americana) que acredita que a distribuição de renda seja dada pelo esforço próprio se incomoda menos com a desigualdade do que uma sociedade (europeia) que acredita que seus processos distributivos e de mobilidade social dependam de fatores exógenos como a sorte.

Os resultados encontrados por Alesina et al. (2004) e Gee et al. (2017) devem ser vistos com parcimônia. Assim como Alesina et al. (2004), Oishi et al. (2011) também realizaram um estudo procurando verificar o efeito que a desigualdade tem sobre a felicidade da população dos EUA. Os autores utilizaram a mesma base de dados que Alesina et al. (2004), mas, apesar de comprovarem o efeito negativo que o aumento da desigualdade ocasiona no nível de felicidade, eles chegam à conclusão de que esse efeito é intermediado por duas variáveis: o aumento da percepção de injustiça e a diminuição do nível de confiança nas outras pessoas. Somando-se a isso, os autores encontram um padrão inverso ao encontrado por Alesina et al. (2004) para a sociedade americana, pois mostram que o efeito da redução do nível de felicidade ocorre no grupo dos 40% mais pobres da população, ao passo que o efeito não é significativo para os 20% mais ricos. Uma possibilidade de explicação para essa diferença nos resultados dos dois estudos pode ser devido a alguns fatores: à diferença do período das bases utilizadas; à inclusão de duas variáveis significativas no modelo; à diferença na metodologia utilizada para estimar o modelo[36].

Apesar das diferenças entre os dois estudos, os resultados de Oishi et al. (2011) confirmam que a desigualdade tem influência sobre a felicidade das pessoas, mas é digno de nota que, se a confiança e a percepção de justiça em relação a como agem as outras pessoas são variáveis que fazem a intermediação dessa relação, então não apenas as crenças e

---

[36] Oishi et al. (2011) utilizaram o General Social Survey do período de 1972 a 2008, ao passo que Alesina et al. (2004) utilizaram a mesma pesquisa, mas de 1972 a 1997. A pergunta sobre felicidade e o indicador de desigualdade utilizados por Oishi et al. (2011) foram os mesmos que os utilizados no outro estudo. Para as variáveis de justiça e confiança, Oishi et al. utilizaram as seguintes perguntas: "Do you think most people would try to take advantage of you if they got a chance, or would they try to be fair? (1 = *take advantage*, 2 = *depends*, 3 = *fair*)" e "Generally speaking, would you say that most people can be trusted or that you can't be too careful in dealing with people? (1 = *cannot trust*, 2 = *depends*, 3 = *can trust*)".

expectativas de mobilidade social e justiça procedimental podem ser parte importante da explicação desse efeito, mas também as percepções de justiça interacional.

Os estudos de Alesina et al. (2004) e Gee et al. (2017) são exemplos específicos nos quais há crenças e expectativas em relação a um tipo de processo (mobilidade social por meio de meritocracia ou sorte) que determina uma distribuição de bens, gerando uma percepção sobre a justiça procedimental na sociedade a qual se aplica esse processo:

> Higher social mobility lowers people's support for redistribution. This, of course, can be interpreted in outcome terms: if the probability that someone will get rich is high, an individual will be less likely to support redistributive policies, because he or she might become a net payer. But social mobility can as well be interpreted in procedural terms: if people see that society offers equal opportunities, on average and in an objective sense of actual income mobility, they may be less concerned with inequality, because they see social processes as fair. Indeed, Alesina and LaFerrara report evidence that lends support to this second interpretation. Although the extent of social mobility on average lowers support for redistribution, its effect substantially depends on individuals' fairness perceptions of the mobility process. Those who feel that equal opportunities really exist are less concerned with inequality when mobility is higher, i.e., they judge the objective condition of higher mobility as indeed offering everybody a chance and thus withdraw their support for redistribution. In contrast, those who see social mobility generally as a biased process do not lower their redistributive support in the light of higher mobility, probably because they feel that even objectively higher mobility generates opportunities only for some and not for all. (FREY ET AL., 2004, p.390)

Se as expectativas e crenças em relação ao comportamento e ao pensamento de fato são fatores que influenciam as percepções de justiça em suas diferentes esferas, será que as crenças sobre o valor do próprio bem poderiam ou deveriam influenciar na quantidade percebida como justa que o indivíduo recebe desse bem, dada uma situação de distribuição ou de barganha? Yaari e Bar-Hillel (1984) mostraram que não há uma resposta consensual para essa pergunta. Os autores, por meio de questionários, pediram para que um grupo de 163 jovens avaliassem algumas situações de conflito distributivo e indicassem qual seria a distribuição que consideravam mais justa dentro de um conjunto de possibilidades pré-definidas. Uma dessas questões se referia a uma divisão de um terreno deixado como herança para duas pessoas, X e Y. Um terceiro indivíduo, W, era incumbido de dividir esse terreno da forma que entendesse como mais justa. O terreno possuía um valor de mercado de \$1.000, mas o indivíduo X estava totalmente convencido de que o terreno valia \$1.200, ao passo que Y estava totalmente convencido de que valia \$800. Os respondentes deveriam assumir o papel de W e determinar qual era a opção mais justa de divisão do terreno. Cerca de metade das pessoas escolheram uma divisão igualitária, ignorando as crenças de X e Y. No entanto, a outra metade escolheu a opção de dar 60% do terreno para X e 40% para Y, mostrando que a presença das crenças relativas ao valor de um bem a ser dividido pode influenciar na própria percepção de uma alocação justa.

Não é possível deixar de notar que a importância das expectativas empíricas e normativas para o entendimento da percepção e formação de normas e convenções de justiça é desafiada por autores como Nichols (2010). Tomando como base a norma de divisão igualitária, ele afirma que essa é uma norma pessoal, não social. A diferença é que uma norma pessoal não se sustenta sobre as expectativas. Um primeiro argumento de Nichols é baseado no resultado de um experimento de Biccheri e Xiao (2009). Nesse experimento, os autores realizaram um Jogo do Ditador e procuraram influenciar as expectativas dos agentes que realizam a divisão do dinheiro da seguinte forma: uma parte deles recebeu a informação de que 60% daqueles que já jogaram esse jogo anteriormente decidiram maximizar seus ganhos; a outra parte dos indivíduos recebeu a informação de que 60% daqueles que já jogaram esse jogo anteriormente fizeram uma divisão igualitária. Foi observado que 33% daqueles que receberam o primeiro tipo de informação (maximização de lucros) decidiram por uma divisão igualitária. Nichols afirma que esse é um percentual elevado, e que pode ser explicado justamente porque a norma de divisão igualitária é pessoal, ou seja, independe das expectativas. No entanto, observou-se que essa norma foi ativada para 52% dos indivíduos do outro grupo, um percentual sensivelmente maior.

O segundo argumento de Nichols é de que, mesmo em experimentos nos quais o proponente da divisão era um computador, foram identificadas atividades cerebrais na insula, uma região associada ao sentimento de desgosto e decepção. Alguns indivíduos, inclusive, rejeitaram a divisão proposta pelo computador, mostrando que, ainda que o agente não tenha uma expectativa de que o computador se conforme com qualquer tipo de norma, mesmo assim prefere rejeitar a divisão[37]. Por fim, Nichols cita um trabalho de Olson e Spelke (2008), no qual crianças de três anos de idade são apresentadas a uma boneca "protagonista" que recebe a tarefa de dividir recursos entre outras quatro bonecas. As crianças são informadas de que duas das bonecas são irmãs da boneca protagonista, mas que as outras duas são desconhecidas para a protagonista. Observou-se que, nas rodadas em que os recursos podiam ser divididos igualmente entre as bonecas, as crianças mostraram uma forte tendência à divisão igualitária, independentemente do "grau de parentesco" das bonecas.

---

[37] O estudo de Sanfrey et al. (2003) utiliza imagens por ressonância magnética do cérebro e será discutido em mais detalhes no Capítulo 4.

Nichols afirma, então, que as normas sociais são cognitivamente muito complexas e que, portanto, as crianças nessa idade ainda não teriam a capacidade de desenvolver e selecionar tais normas, mostrando que a norma de divisão igualitária é pessoal. Em relação a esse experimento de Olson e Spelke, é fundamental notar que existe a possibilidade de que o comportamento das crianças de 3 anos seja explicado, ao menos em parte, pelo mimetismo, isso é, as crianças simplesmente copiam um tipo de comportamento distributivo simples que observam no dia-a-dia. Isso não requer um processo cognitivo tão complexo quanto o de uma norma social e tampouco implica na revelação de uma norma pessoal de justiça.

Na seção seguinte, serão discutidas as evidências a favor e contra a afirmação de Nichols de que a norma de divisão igualitária é pessoal, além do seu argumento de que as crianças ainda não têm um sistema cognitivo suficientemente desenvolvido para serem influenciadas e, consequentemente, demonstrarem, através de seu comportamento, a influência das normas de justiça. Indo um pouco além e já antecipando que será defendida a tese de que as normas de justiça distributiva são socialmente construídas, a seção também procura trazer alguns experimentos realizados utilizando o Jogo do Ultimato em adultos de diferentes culturas, ilustrando que o ECG está inserido dentro de um processo evolucionário cujas instituições podem adquirir diferentes características em sociedades distintas, tendo as expectativas um papel importante nesse processo.

## 2.3 Normas de justiça distributiva como instituições: evidências desde a idade mais tenra e as diferenças culturais

Diante da afirmação de Nichols (2010) de que as crianças ainda não desenvolveram plenamente suas capacidades cognitivas para adotarem normas de justiça mais complexas, o experimento de Almås et al. (2010) reforça esse argumento. Os autores realizaram o Jogo do Ditador com crianças da quinta até a décima terceira série, permitindo observar se a idade tem influência sobre a adoção de normas de justiça[38]. O jogo consistia em duas fases. Na primeira, ocorria uma fase de produção, na qual os participantes deveriam realizar uma tarefa no computador durante 45 minutos. Na segunda, era realizada uma fase de distribuição, na qual eram formadas duplas aleatórias entre os participantes da mesma série e, posteriormente, era assinalada uma quantidade de fichas à dupla (quantidade proporcional ao desempenho dos participantes na primeira fase). Os participantes, então, deveriam reportar como eles achavam que as fichas deveriam ser distribuídas[39]. Os autores estimaram um modelo de escolha para determinar, para cada série, a distribuição dos participantes que aplicavam uma das três normas distributivas: igualitária (nenhuma desigualdade é aceita), meritocrática (distribuição equitativa) ou libertária (desigualdade não explicada por mérito). A Tabela 4 ilustra essa distribuição.

Os resultados mostram que, com aumento da idade, as considerações de mérito ganham importância na formação das percepções de justiça, ao passo que a norma igualitária perde representatividade. Isso é um indício que pode dar sustentação ao argumento de Nichols (2010) de que a divisão igualitária não exige uma grande capacidade cognitiva e não deve ser entendida como uma norma social, pois não se sustenta sobre nenhum tipo de expectativa.

---

[38] Isso significa que, considerando a média de idade para cada série, o experimento foi feito com crianças de 10 anos até adolescentes de 18 anos.

[39] Os resultados da primeira fase eram de conhecimento comum, de modo que os participantes conseguiam saber a produtividade do parceiro da dupla e aplicar normas distributivas equitativas.

Tabela 4
Estimativa: Distribuição de Normas de Justiça por
Série (± erro padrão)

| | 5ª | 7ª | 9ª | 11ª | 13ª |
|---|---|---|---|---|---|
| Igualitária | 0.636 (±0.060) | 0.401 (±0.059) | 0.272 (±0.057) | 0.267 (±0.056) | 0.224 (±0.056) |
| Meritocrática | 0.054 (±0.037) | 0.220 (±0.054) | 0.363 (±0.063) | 0.396 (±0.069) | 0.428 (±0.075) |
| Libertária | 0.310 (±0.057) | 0.379 (±0.055) | 0.364 (±0.061) | 0.337 (±0.059) | 0.347 (±0.069) |

Fonte: Adaptado da Tabela 2 de Almås et al. (2010), p.1177.

Contrários à essa noção, Schafer et al. (2015) relatam uma série de evidências na literatura que mostram que crianças de 3 anos já apresentam uma noção de justiça distributiva baseada no mérito. Além disso, nos primeiros anos escolares, já é possível observar traços culturais na forma com que essas crianças tratam questões distributivas:

> Evidence in support of the prominence of merit as a factor in notions of justice comes from studies showing that in Western countries, basic intuitions regarding merit-based fairness develop very early in childhood. While preschoolers may typically still espouse principles

of equality (all people get the same resources) when verbally interviewed about notions of justice (Damon, 1977), or favor themselves when sharing rewards with unknown partners working in a different room (Hook & Cook, 1979; Lane & Coon, 1972), children as young as 3 years of age do acknowledge differences in merit when distributing resources in less-demanding scenarios. For instance, when prompted to allocate a reward that cannot be divided equally, 3-year-olds prefer to give the bigger portion to the harder-working individual (Baumard et al., 2012). When sharing rewards for work with a peer, 3-year-olds also share more with partners who worked harder than with partners who worked less (Hamann, Bender, & Tomasello, 2014; Kanngiesser & Warneken, 2012). After they enter school, children begin using merit-based notions of equity in an adult manner, acknowledging that more-productive workers deserve more of any resources produced, even when such norms conflict with their own interests (Hook & Cook, 1979). Notably, studies investigating children's ideas of fairness in windfall scenarios (i.e., outside of resource production) have found cultural differences already very early in development, as young as 3 years of age (Rochat et al., 2009). Furthermore, cultural variation seems to become particularly pronounced around early school age when children begin behaving more like adults in their societies when distributing resources (House et al., 2013). (SCHAFER ET AL., 2015, p.1253)

Além dessas evidências, os autores elaboraram um experimento com crianças de 4 a 11 anos oriundas de três grupos sociais bem distintos: os alemães, os ≠Akhoe Hai||om e os Samburus. O primeiro grupo representa a sociedade ocidental industrializada, o segundo é formado por crianças de uma sociedade coletora-caçadora da Namíbia e o terceiro por crianças de uma sociedade do Quênia que é pastoril e gerontocrática. O experimento foi realizado separadamente em cada uma dessas três sociedades e consistia em formar, aleatoriamente, duplas de crianças do mesmo sexo para participarem de um jogo no qual as crianças deveriam pescar cubos magnéticos ("peixes") de um aquário. O jogo foi desenhado de forma a refletir três cenários: primeiro, uma condição de mérito desigual, no qual uma criança só conseguia pescar 3 peixes e a outra 9; segundo, uma condição de igualdade, na qual as crianças pescavam 6 peixes cada uma; terceiro, uma condição em que as crianças não pescavam nada, mas simplesmente recebiam os cubos de forma desigual (sem mérito), de modo que uma recebia 9 e a outra 3. No fim, as crianças recebiam um tubo com o número de recompensas igual ao total dos peixes que obtiveram (12 peixes) e deveriam decidir como dividir essas recompensas entre si. As recompensas do experimento constituíam em comidas atrativas para as crianças que participavam do estudo (e.g. frutas secas, cereais, doces)[40].

Os resultados do experimento apontaram que há uma diferença comportamental significativa ao variar os cenários, mas que essa diferença também é explicada pela idade das crianças e por sua cultura. De modo geral, conforme aumentava a idade, maior era a sensibilidade das crianças em relação aos cenários, independentemente da cultura: para o cenário com igualdade de mérito, o aumento da idade aumentava a produção de divisões igualitárias, ao passo que, para o cenário com méritos desiguais, aumentava a produção de divisões equitativas. No entanto, observou-se que as crianças samburus realizaram, em todos os cenários, distribuições mais desiguais do que as crianças dos outros dois

---

[40] 155 crianças participaram do experimento, sendo 56 alemães (28 meninas e 28 meninos), 45 ≠Akhoe Hai||om (24 meninas e 21 meninos) e 54 Samburus (28 meninas e 26 meninos). As duplas eram formadas por crianças da mesma idade (sendo a mediana da diferença de idade igual a 0) ou com uma diferença de idade de, no máximo, 2 anos. Cada criança participou dos três cenários em três dias diferentes e não houve repetição da dupla em cada cenário.

grupos. O mais curioso é que, nessa cultura, as crianças com maior mérito receberam menos do que a metade da recompensa em 50% das vezes, de modo que não foi possível constatar a presença de uma norma de mérito entre as crianças samburus. Em contraste, as crianças dos Hai||om dividiram as recompensas de modo mais igualitário que as alemãs e samburus, além de mostrarem um reconhecimento de mérito, recompensando melhor as crianças de maior "competência" quando ocorria uma divisão não igualitária (embora a distribuição da recompensa fosse menos do que proporcional ao que seria previsto por uma divisão equitativa). As crianças da Alemanha foram as mais sensíveis aos cenários: dividiram de forma mais igualitária do que os Hai||om no cenário de méritos iguais, ao passo que, para o cenário com méritos distintos, dividiram as recompensas de modo proporcional a esse mérito, refletindo uma norma equitativa. Por fim, para o cenário em que as crianças recebiam os cubos de modo desigual, mas não tinham nenhum mérito sobre essa distribuição, as três culturas, de fato, não reconheceram nenhum mérito, de modo que a moda e a mediana da distribuição foi de 50% das recompensas para cada criança.

Para Schafer et al. (2015), em sociedades de larga escala como a alemã, normas neutras de relacionamento podem ser particularmente importantes para regular transações entre indivíduos que interagem apenas temporariamente e não compartilham um histórico pessoal. Desse modo, o foco em uma norma equitativa ganha importância, já que é provável que não haverá um encontro futuro para balancear uma transação passada. No outro lado do espectro, as transações nas sociedades de menor escala (como os ≠Akhoe Hai||om e os Samburus) ocorrem entre indivíduos que possuem alguma familiaridade ou, ao menos, possuem uma elevada possibilidade de interação futura. No caso dos Hai||om, a sociedade é muito igualitária, sendo que a autoridade e o status têm um papel muito limitado. É possível que o elevado nível de distribuição igualitária observado revele justamente uma internalização desse tipo de norma, mesmo em crianças, refletindo a realização de expectativas intrínsecas à essa cultura. Por sua vez, os Samburus são uma sociedade estritamente gerontocrática, de forma que os mais idosos são os responsáveis por administrar e organizar as tarefas de trabalho e os recursos. Assim, a grande desigualdade não direcionada das distribuições que foram observadas no experimento talvez possa ser explicada pela pouca experiência que as crianças dessa sociedade têm em realizar esse tipo de tarefa.

Inúmeros experimentos com o Jogo do Ultimato também conseguiram mostrar a importância das diferenças culturais entre a população adulta de diferentes sociedades no que diz respeito à presença de distintas normas distributivas. Roth et al. (1991) mostram que, ao se comparar as decisões dos jogadores em países distintos (EUA, Eslovênia, Japão e Israel), ainda que sejam países capitalistas industrializados, já é possível observar uma diferença cultural sensível tanto na distribuição de ofertas quanto no nível de rejeição dessas ofertas:

> Our data thus lend some support to the hypothesis that the subject-pool differences observed in this experiment are related to different expectations about what constitutes an acceptable offer, rather than different propensities to trespass on a shared notion of what constitutes such an offer. This brings us to the question of whether such differences can be attributed to cultural differences between subject pools, where for an operational definition of "cultural" we mean differences that cannot be attributed to variables other than the nation in which the data were gathered. As we have already indicated, there are uncontrolled differences in subject pools (such as differences in military service) that must make any such attribution speculative. However, the experiment was designed to control for those variables that seemed to us to be potentially most troublesome, namely, currency, experimenter, and language effects. To the extent that the experimental

controls were adequate, the results indicate that the subject-pool differences cannot be attributed to any of these variables. Consequently, we offer the conjecture that the observed subject-pool differences are cultural in character. (ROTH ET AL., 1991, p.1092)

Percebe-se que os autores destacam a relevância da diferença que há entre as expectativas em relação ao que é uma oferta distributiva razoável para diferentes culturas, corroborando a importância do caráter institucional que o ECG ressalta ao elaborar uma teoria de justiça.

Assim como Roth et al. (1991), Henrich (2000) também mostrou que a diferença cultural exerce uma influência sobre o pensamento e o comportamento em um Jogo do Ultimato. Ele realizou experimentos com o Jogo do Ultimato em duas comunidades bem distintas: estudantes de pós-graduação de Antropologia da UCLA (servindo como um experimento de controle) e a comunidade Camisea do povo Machiguenga, que habita uma parte da floresta amazônica peruana[41]. Primeiramente, nota-se que os procedimentos dos experimentos foram realizados da maneira mais idêntica possível entre as duas comunidades. Segundo, os resultados dos estudantes da UCLA refletiram modas e médias das ofertas dentro de intervalos similares aos encontrados em outros experimentos com sociedades industrializadas (a moda e a média das ofertas foram de 50% e 48% do montante total, respectivamente), além de não ter ocorrido nenhuma rejeição de oferta e nenhuma oferta abaixo de 20% do montante total.

---

[41] Participaram do experimento 30 estudantes de pós-graduação de Antropologia da UCLA e 42 habitantes da comunidade Camisea. O montante a ser dividido era relativamente alto: US$160 no caso dos estudantes e 20 soles no caso da comunidade Camisea. Ambos os *stakes* representavam um salário de 2.3 dias de trabalho (trabalho de um aluno de pós-graduação como *reader* – uma espécie de hierarquia na carreira de professor dentro da universidade – e trabalho de um membro Camisea em uma companhia de petróleo ou empresa madeireira local).

Os resultados dos Machiguengas se mostraram bem particulares. A moda e a média das ofertas foram de 15% e 26% do montante total, respectivamente. Além disso, foram feitas 10 ofertas menores do que 20% do montante total (o que representa praticamente 50% das ofertas), sendo que apenas uma delas foi rejeitada. Como comparação, no estudo de Roth et al. (1991) foram realizadas 4 ofertas abaixo de 20% no Japão (sendo 2 rejeitadas) e 7 em Israel (sendo 5 rejeitadas). Além disso, Henrich conseguiu identificar que os poucos Machiguengas que fizeram ofertas de 50% foram aqueles que tiveram mais contato com pessoas externas à comunidade (especialmente missionários norte-americanos) e, quando perguntados se eles achavam que os respondentes aceitariam ofertas menores do que 50%, responderam "sim, é claro".

Utilizando uma metodologia similar àquela aplicada por Henrich (2000), Henrich et al. (2001) também replicaram experimentos com o Jogo do Ultimato em 15 sociedades de pequena escala, espalhadas por 11 países diferentes[42]. Os resultados mostraram, novamente, que há uma variação considerável na moda e média das ofertas: o intervalo de modas variou entre 15% e 50% do montante total, ao passo que o intervalo de médias variou entre 26% e 58%. Destaca-se a oferta média das sociedades Aché (51%) e Lamelara (58%), que excedem os 50%. O nível de rejeição das ofertas também variou muito, com destaque para as sociedades Au e Gnau da Papua Nova Guiné, que tiveram um alto nível de rejeição tanto de ofertas muito baixas (menor do que 20%) quanto de ofertas muito altas (mais do que 50%). A explicação para o comportamento nessas duas sociedades pode ter relação com a existência de uma norma social de dar e receber presentes.

---

[42] As sociedades e os respectivos países são: Hadza e Sangu (Tanzânia); Quichua e Achuar (Equador); Torguud e Khazax (Mongólia); Au e Gnau (Papua Nova Guiné); Machiguenga (Perú); Tsimané (Bolívia); Mapuche (Chile); Orma (Quênia); Aché (Paraguai); Lamelara (Indonésia); aldeões reassentados ou não reassentados (Zimbábue).

Em diversas comunidades da Papua Nova Guiné, se um indivíduo aceita um presente (mesmo que não solicitado ou inesperado), ele se compromete a agir de maneira recíproca no futuro com a pessoa que o presenteou. Dessa forma, o indivíduo se coloca em uma posição subordinada, causando um aumento da incerteza e da ansiedade sobre suas obrigações futuras, nascidas a partir do laço social criado pela aceitação do presente. Portanto, é possível que o número elevado de rejeições de ofertas nessas comunidades esteja relacionado à interpretação do experimento como um ato de presentear e, consequentemente, a uma resposta comportamental que busca evitar um comprometimento futuro. Vale notar que os autores deixam explícita a suspeita de que as situações dos experimentos fornecem estímulos e pistas para a geração de respostas emocionais que podem explicar ao menos uma parcela do comportamento observado. Adicionalmente, afirmam que os determinantes dessas emoções e sugestões do ambiente fazem parte de um processo evolucionário de longo-prazo:

> Why are many subjects willing to share resources and undertake costly reciprocal actions in anonymous one-shot interactions? (...) We suspect that a proximate reason for these behaviors is that situations cue emotional responses which induce the behaviors we have measured. (...) What are the ultimate determinants of our emotions and situation-specific cues? Here long-run evolutionary processes governing the distribution of genes and cultural practices could well have resulted in a substantial fraction of each population being predisposed in certain situations to forgo material payoffs in order to share with others, or to punish unfair actions, as our experimental subjects did. (HENRICH ET AL., 2001, p.77)

As conclusões de Henrich (2000) e de Henrich et al. (2001) sustentam a hipótese de que a percepção de justiça dos indivíduos sofre uma influência das instituições específicas de cada cultura:

Like most efforts to model human behavior in economics, these new approaches, implicitly or explicitly, make certain universalist or panhuman assumptions about the nature of human economic reasoning. That is, they assume that humans everywhere deploy the same cognitive machinery for making economic decisions and, consequently, will respond similarly when faced with comparable economic circumstances. Here, I address this assumption with experimental evidence (Ultimatum Game results) from the Peruvian Amazon. Comparisons of the Machiguenga result with a Los Angeles control experiment and existing cross-cultural data suggest that economic decisions and economic reasoning may be heavily influenced by cultural differences - that is, by socially transmitted rules about how to behave in certain circumstances (economic or otherwise) that may vary from group to group as a consequence of different cultural evolutionary trajectories. (...) my UG data indicate that the Machiguenga behave very differently from subjects drawn from industrialized populations, and therefore, that notions about what is fair and/or what deserves punishment are culturally variable - meaning that people behave differently as a consequence of having grown up in different places (HENRICH, 2000, p.973)

E, ainda, Henrich et al. (2001) afirmam:

The large variations across the different cultural groups suggest that preferences or expectations are affected by group-specific conditions, such as social institutions or cultural fairness norms. The large variance in institutions and norms in our sample allowed us to address this question systematically (HENRICH ET AL., 2001, p.75)

Apesar dessas evidências apresentadas, Oosterbeek et al. (2004) realizaram uma meta-análise de 37 artigos[43] que

---

[43] Os autores excluíram os experimentos com o Jogo do Ultimato em que: os pesquisadores não utilizaram dinheiro real; o proponente tinha

utilizaram o Jogo do Ultimato (um total de 75 resultados) e concluíram que as diferenças nos traços culturais não tiveram uma influência significativa nas ofertas e respostas dos participantes desses experimentos[44]. Contudo, é necessário analisar detalhadamente a metodologia desse estudo. Em primeiro lugar, diferentemente dos artigos de Roth et al. (1991), Henrich (2000) e Henrich et al. (2001), a noção de cultura não foi definida de um modo abrangente, no qual se tem como base desse conceito as diferenças observadas entre países (ou seja, um conceito de cultura definido pela geografia política). Oosterbeek et al. (2004) utilizaram alguns indicadores de traços culturais construídos a partir da pesquisa de Inglehart (2000) sobre diferenças culturais nacionais e suas relações com as práticas organizacionais e, também, do estudo de Hofstede (1991) sobre variações entre culturas. Assim, eles classificaram os países em grupos, de acordo com indicadores do nível de individualismo, da dimensão na qual os membros menos poderosos das instituições e organizações nacionais esperam e aceitam uma distribuição desigual de poder, e do nível de deferência pela autoridade. Para cada um desses traços, os autores formularam e testaram, através de regressões, hipóteses sobre como o comportamento das pessoas varia de acordo com esses traços identificados. Duas críticas podem ser feitas em relação a esse tipo de abordagem: primeiro, a construção dos indicadores não reflete, necessariamente, os traços representativos da cultura de determinada nação, visto

---

um intervalo muito limitado para realizar a oferta; o respondente não sabia exatamente sua oferta, apenas conhecia a distribuição de ofertas e deveria decidir por aceitar ou não; as decisões eram tomadas em grupo; as pessoas sabiam o nome de quem havia sido pareado com ela; havia mais de duas pessoas no jogo, como, por exemplo, um terceiro jogador passivo.

[44] Com exceção da hipótese de que "mais respeito pela autoridade tem um impacto negativo sobre as ofertas dos proponentes", no qual o coeficiente apresenta um efeito estatisticamente significativo na regressão estimada.

que eles foram construídos a partir de pesquisas pouco abrangentes (particularmente no caso de Hofstede, visto que o índice foi construído baseado em pesquisas apenas com funcionários da IBM espalhados por diversos escritórios pelo globo); segundo, as hipóteses testadas não possuem uma fundamentação teórica muito profunda, tendo um caráter *ad hoc* (por exemplo, os autores não explicam os motivos pelo qual constroem a hipótese de que "mais respeito pela autoridade tem um impacto negativo na oferta do proponente").

Somando-se a essas críticas, o número de resultados do Jogo do Ultimato para cada país, com exceção dos Estados Unidos, não é representativo. Assim, os autores agruparam os resultados em *dummies* de continentes. Apesar de se perceber diferenças significativas no nível das ofertas e nas taxas de rejeição quando se observam os dados desagregados, ao realizar o agrupamento por continente, os efeitos regionais se tornam estatisticamente insignificantes[45]. Isso pode ser explicado pois há uma concentração na amostra de países industrializados ou comunidades que compartilham instituições tipicamente ocidentais. Consequentemente, ao realizar esse tipo de agrupamento, os poucos experimentos realizados em comunidades mais afastadas ou com costumes mais tradicionais acabam tendo seus resultados "diluídos" pelos resultados médios. Por fim, o artigo só leva em consideração os resultados da média e da mediana de cada um dos Jogos do Ultimato utilizados, não realizando nenhuma análise sobre a variância desses resultados. Caso utilizassem essa estatística, seria possível realizar inferências sobre a predominância (ou não) de alguma norma de justiça em cada comunidade. Portanto, a conclusão de Oosterbeek et al. (2004) de que os traços culturais não têm poder explicativo sobre o

---

[45] Há duas exceções: os respondentes asiáticos apresentam taxas de rejeição mais altas do que os respondentes americanos; os respondentes do oeste dos Estados Unidos apresentam taxas de rejeição menores do que os respondentes da parte leste.

comportamento em experimentos do Jogo do Ultimato deve, ao menos, ser questionada.

Diante dessas constatações experimentais e do debate sobre a importância das expectativas e das influências culturais, é importante notar que, apesar dos argumentos apresentados por Nichols (2010) em defesa da ideia de que a divisão igualitária não é uma norma social, o próprio autor reconhece que os indivíduos são sensíveis às expectativas:

> Even if equal division is a personal norm for me, expectations might affect my behavior for several different reasons. After all, my desire to divide equally is not my only desire. Just to pick a desire that is salient in the economic games, I also want money. If I do not expect others to conform to the equal-division norm, then I might use that fact as an excuse to cave in to my desire to maximize my gains. (...) A quite different explanation for subjects' sensitivity to expectations is that people might regard others' behavior as providing information about whether the equal-division norm applies – whether the right thing to do in this situation really is to divide equally. (...) I might have equal division as a personal norm, but because of the ambiguity of certain situations, my expectations about others' behavior might lead me to different judgments about whether the norm applies in the case. (NICHOLS, 2010, p.5-6)

Com as evidências que foram expostas anteriormente e a partir do Esquema Circular Geral, defende-se que as normas de justiça são sociais, com um papel decisivo das expectativas para a percepção dessas normas em um ambiente com incerteza e que é institucionalmente complexo. Os motivos apresentados por Nichols (2010) reforçam a saliência da norma de divisão igualitária, o que também ajuda a explicar sua ubiquidade, levada a cabo pelo processo evolucionário. Ele também afirma que o comportamento dos outros indivíduos é relevante, ao menos no que se refere à importância de gerar informações que evidenciem se uma norma distributiva se aplica em determinada situação, o que fortalece a ideia de um pensamento ou comportamento *socialmente compartilhado*. Não é possível deixar de ressaltar que cada pessoa tem um nível próprio de internalização de uma norma social e que isso resulta em reflexos normativos sobre o que ela considera como certo ou errado, e o que deve ser feito em dada situação.

Esse capítulo mostrou que as expectativas e crenças são fatores fundamentais na percepção de justiça em suas três dimensões: distributiva, interacional e procedimental. No primeiro caso, alguns experimentos mostraram que as expectativas se dão em relação às condições finais de uma distribuição de bens. No segundo caso, os indivíduos criam expectativas sobre o modo como as outras pessoas devem se comportar em diversas situações, independentemente dos resultados desse comportamento. No terceiro caso, as expectativas das pessoas ocorrem sobre a justiça dos processos e mecanismos de decisões. Adicionalmente, a função das expectativas e crenças é especialmente relevante ao se considerar um contexto em que há a presença de incerteza, seja ela do tipo procedimental, fundamental ou simplesmente uma incerteza fraca, que envolve um risco probabilístico. Deve-se ressaltar a importância da camada moral que exerce influência sobre os indivíduos nas expectativas normativas. Constatou-se também que as crenças e expectativas interagem diretamente com as preferências sociais, como a reciprocidade e o altruísmo. No que diz respeito à seleção das instituições de justiça, ressaltou-se a importância da coordenação das expectativas. Se não há uma coordenação, dificilmente os indivíduos refletirão as normas locais em seus comportamentos. Além do mais, observou-se que as crenças sobre o próprio valor subjetivo de um bem podem alterar as percepções de justiça. Por fim, através de alguns estudos interculturais, argumentou-se que as normas de justiça são socialmente construídas, podendo ser aplicadas mesmo nas idades mais tenras, uma vez que crianças e adultos de diferentes culturas apresentaram comportamentos muito particulares em diversos tipos de experimentos distributivos[46].

---

[46] Embora as evidências se concentrem em experimentos interculturais em que apenas a questão distributiva é o foco da atenção dos pesquisadores, não há motivos para supor que as normas de justiça procedimental ou interacional não sigam a mesma dinâmica, isso é, não estejam inseridas em um processo evolucionário nos quais as diferenças culturais vão moldando as regras de pensamento e comportamento socialmente compartilhadas que apresentam alguma recorrência ao longo do tempo.

# Capítulo 3: Preferências Sociais

O capítulo anterior apresentou a estrutura de processamento cognitivo do Esquema Circular Geral pelo qual os estímulos do ambiente são transformados em informações, que são, posteriormente, inseridas em categorias e *schemas* que geram, por fim, determinadas expectativas e crenças. Esse processamento cognitivo também é responsável, em grande medida, por definir outro elemento de influência nas percepções de justiça dos agentes: suas preferências, representadas na região 3 do ECG. Vale lembrar que esses elementos possuem um elevado grau de interação entre si, embora, para efeitos de análise e estruturação teórica, seja interessante separá-los e notar suas particularidades.

Bowles (1998) define "preferência" como razões para o comportamento, isso é, atributos dos indivíduos que (juntamente com suas crenças e capacidades) são responsáveis pelas ações que eles tomam em determinadas situações[47]. No que diz respeito à justiça, ressalta-se a importância das *preferências sociais*. De acordo com Bowles e Polanía-Reyes (2012), esse tipo de preferência se refere a motivos como altruísmo, reciprocidade, aversão à desigualdade e outros motivos que induzem as pessoas a ajudarem (punirem) terceiros mais do que ajudaria (puniria) um indivíduo que apenas maximizasse seus próprios ganhos materiais. Reconhecer a forte presença desse tipo de preferência limita o poder explicativo dos pressupostos neoclássicos em diversas instâncias, visto que, muitas vezes, não é possível compreender o comportamento humano com base na simples maximização dos ganhos materiais. Se, ainda assim, se quisesse manter a ideia de maximização da utilidade, seria razoável tentar inserir

---

[47] Adicionalmente, além das preferências, crenças e expectativas, considera-se, neste livro, que as emoções também são atributos responsáveis pelas ações.

essas preferências na própria função de utilidade, embora a dificuldade e complexidade da análise aumentem consideravelmente nesse caso. Uma crítica central ao adotar esse caminho é que há uma perda significativa da especificidade dos modelos, caso a função seja muito geral, além de não ser possível inserir ponderações morais que vão contra o interesse próprio, como a noção de comprometimento introduzida no Capítulo 1. De toda forma, essa abordagem é bastante utilizada por aqueles que tentam introduzir as preferências sociais sem abandonar a metodologia de modelagem neoclássica, como será visto adiante em alguns exemplos.

Dentro do conjunto de preferências sociais, há diversos experimentos na literatura que demonstram a influência do altruísmo e da reciprocidade no pensamento e comportamento do indivíduo. O altruísmo é relevante para a percepção de justiça entre os agentes, pois sua presença em maior ou menor grau estabelece parâmetros de comparação da situação distributiva de uma sociedade e influencia diretamente no modo de agir e pensar das pessoas. No limite, é possível pensar em um grupo social onde todos são altamente altruístas e o bem-estar alheio é uma prioridade em relação ao bem-estar próprio. Nesse grupo, as convenções e normas de justiça provavelmente serão bem diferentes daquelas presentes em uma sociedade com indivíduos mais egoístas.

Mas será possível identificar sinais de altruísmo em indivíduos que, de acordo com os pressupostos neoclássicos, são seres egoístas e que se preocupam apenas com a maximização do seu bem-estar próprio? Andreoni (1995) e Andreoni et al. (2002) realizaram experimentos com diversas variações de jogos de bens públicos para entender o fato estilizado de que o nível de cooperação nesses tipos de jogos é maior do que o previsto pela teoria. A hipótese dos autores é de que esse elevado nível de cooperação pode surgir por três motivos distintos: confusão de entendimento dos jogos por parte dos agentes; processo de aprendizagem demorado;

preferência social por cooperar, devido a motivos como altruísmo e bondade. Andreoni (1995) mostra que, mesmo quando a estratégia ótima nos jogos é a de *free rider*, os agentes cooperam. De acordo com ele, cerca de metade desses movimentos de cooperação podem ser classificados como bondade. O trabalho de Andreoni et al. (2002) também evidencia um elevado grau de cooperação em jogos de bens públicos simultâneos, sequenciais e de *best-shot*[48]. Os autores explicam o resultado a partir de dois motivos: primeiro, os agentes respondem com bondade a atos bons, ressaltando a presença da reciprocidade; segundo, os agentes derivam utilidade tanto do ganho privado quanto de uma distribuição mais igualitária dos ganhos, resultado de uma aversão à desigualdade.

Levine (1998) formula um modelo no qual considera que a utilidade dos indivíduos depende do seu ganho material, do nível de altruísmo (ou rancor) que possuem em relação aos outros indivíduos e, também, do quanto levam em consideração o nível de altruísmo dos outros indivíduos. Embora o autor assume que a distribuição de tipos da população é conhecida em relação ao coeficiente de altruísmo, ele considera que o nível de altruísmo de cada jogador é uma informação privada. Isso significa que as pessoas sinalizam, a partir de suas escolhas, a que tipo pertencem. Levine calibra os parâmetros desse modelo utilizando os experimentos de Roth et al. (1991)[49] e chega a uma distribuição na qual ele agrupa três tipos de indivíduos da população: rancorosos, normais e altruístas. Ele mostra que seu modelo e a distribuição de tipos

---

[48] O jogo de Bem Público *best-shot* é aquele no qual a contribuição ao bem público não será a soma da contribuição dos dois (ou mais) jogadores, mas sim o valor máximo entre elas.

[49] Roth et al. (1991) realizam dois tipos de jogos em seus experimentos: o Jogo do Ultimato e o Jogo do Mercado. Os experimentos foram feitos em 4 países (EUA, Eslovênia – na época do estudo, Iugoslávia -, Israel e Japão) e seus participantes eram estudantes recrutados nas próprias universidades desses mesmos países.

encontrada por ele explica bem os resultados dos experimentos de Jogos do Ultimato, Jogos da Centopeia, Jogos de Mercado[50] e alguns Jogos de Bens Públicos. No entanto, ressalta que seu modelo não explica as contribuições observadas em Jogos do Ditador e nem em Jogos de Bens Públicos no qual há mais do que dois jogadores e são do tipo *one-shot*. Apesar das deficiências, é possível afirmar que, para todos os casos testados, seu modelo é mais consistente do que a hipótese usual de que todos os indivíduos são puramente egoístas e de que seus parâmetros de altruísmo ou de crença do nível de altruísmo do oponente são irrelevantes.

Supondo um Jogo de Bens Públicos sequencial, Elster (2006) acredita que existe um motivo que pode explicar o nível de cooperação que não é relacionado diretamente ao altruísmo ou à reciprocidade. O autor afirma que o indivíduo pode ser induzido a contribuir por causa de um *pensamento mágico*, isso é, o indivíduo pode dar uma contribuição generosa para o bem público mesmo sem saber o nível de contribuição dos seus predecessores, pois ele acredita, inconscientemente, que, agindo dessa forma, pode fazer com que as contribuições anteriores se tornem altas também. Embora seja uma hipótese que não possa ser descartada, também é muito complicada de ser comprovada na prática, visto que não é fácil de identificar e separar empiricamente o *magical thinking* do altruísmo apenas pela observação do comportamento dos indivíduos em diversos experimentos.

Embora o altruísmo seja um denominador comum em alguns experimentos e modelos, é possível diferenciá-lo em categorias. Clavien e Klein (2010) distinguem três categorias de altruísmo: biológico, comportamental e psicológico. De

---

[50] No Jogo de Mercado, diversos compradores devem dar um lance para um bem de um único vendedor. Esse bem vale $0 para o vendedor e $10 para os compradores. O maior lance deve pagar o dinheiro ao vendedor, sendo que o ganho líquido do vendedor é o que ele recebe pelo bem e o do comprador é de $10 menos o valor pago pelo bem.

acordo com os autores, os dois primeiros são ativados a partir do resultado das ações observadas pelos agentes, ou seja, têm o foco estritamente na análise de custo-benefício dos resultados comportamentais das interações. Por outro lado, o altruísmo psicológico está relacionado a motivos altruístas primários e subjetivos, isso é, aos pontos iniciais de uma corrente causal que culmina na ação do indivíduo, sem que essa ação seja influenciada pela observação do que os outros agentes fizeram[51]. Clavien e Klein afirmam que os resultados encontrados nos experimentos com jogos como o do Ultimato ou Ditador revelam apenas um tipo de altruísmo comportamental, sendo que é muito difícil mostrar, de fato, que na verdade se trata de um altruísmo psicológico. Até mesmo a utilização de imagens de ressonância magnética em estudos de neuroeconomia não consegue distinguir com clareza esses tipos de motivos baseados na ativação de diferentes partes do cérebro[52]. Algumas partes ativadas quando os indivíduos são expostos a comportamentos injustos estão relacionadas a sentimentos negativos ou à ideia de "antecipação de uma recompensa que não ocorreu". Assim, apesar de não ser possível refutar a hipótese de que o altruísmo se manifesta majoritariamente em sua forma comportamental e de que os indivíduos são fundamentalmente egoístas, seria um equívoco não considerar esse tipo de preferência social como um possível fator de influência na formação, criação e transformação das percepções de justiça dos indivíduos.

Outro tipo de preferência social relevante é a aversão à desigualdade. Assim como o altruísmo e a reciprocidade, a aversão à desigualdade impõe parâmetros de comparação social específicos que ajudam a moldar a percepção de justiça. Fehr e Schmidt (1999) modelam justiça através da função de

---

[51] Isso remete a um tipo de altruísmo no sentido de *commitment* proposto por Sen (1977).

[52] Para informações mais detalhadas, ver De Quervain et al. (2004) e Sanfrey et al. (2003).

utilidade dos indivíduos, que preferem recompensas mais igualitários[53]. No entanto, o modelo se restringe a um tipo de aversão à desigualdade centrada no próprio indivíduo, ou seja, ele só se preocupa com a distribuição das recompensas materiais relativas entre ele e os outros agentes a quem ele se compara, sendo irrelevante a distribuição que existe entre terceiros[54]. Utilizando experimentos do Jogo do Ultimato e de um Jogo de Mercado, o modelo fornece alguns resultados interessantes a respeito de como a aversão à desigualdade pode influenciar os agentes. Primeiro, inserir esse tipo de preferência no modelo permite explicar a distribuição de ofertas e respostas observadas em um Jogo do Ultimato. Segundo, o modelo mostra que, no caso do Jogo de Mercado, conforme o número de competidores aumenta, maior é a probabilidade de convergência para o preço do equilíbrio competitivo, caindo o poder de influência da aversão à desigualdade. Por fim, a preocupação dos agentes com justiça (representada no modelo de forma unidimensional através apenas da aversão à desigualdade) ajuda a explicar a teoria do salário-eficiência, na qual os empregados respondem com maiores esforços a maiores salários.

---

[53] Utiliza-se a abreviação "FS" para se referir a esse modelo daqui por diante.

[54] Um exemplo ilustrativo dessa ideia: suponha um grupo de 5 agentes (A, B, C, D, E) que devem distribuir uma quantia X de dinheiro. O agente A só se preocupa com o quanto ele recebe em relação a quanto recebe B, C, D, E à média entre os 5. Vamos dizer que X = 50, e que a distribuição final seja A = 9, B = 12, C = 6, D = 12 e E =11. Pensando do ponto de vista de A, ele está ligeiramente abaixo da média (recebe 9, ao passo que a média é igual a 10), e recebe 3 a menos do que os que recebem mais (12) e 3 a mais do que C (6). Embora ele perceba uma situação de desigualdade e sua utilidade caia um pouco por conta disso, é irrelevante para ele a enorme desigualdade que existe entre C e B ou C e D (B e D recebem o dobro de C). Ou seja, A só se importa quando ele é uma referência em alguma comparação distributiva que ele faça.

Um ponto central que o modelo FS levanta é a questão de como os indivíduos percebem e medem a justiça dos resultados obtidos. De acordo com os autores, essa percepção se baseia em um tipo de distribuição de referência neutra que é utilizada para avaliar cada situação. Essa referência neutra é formada através de processos sociais de comparação complexos. Argumenta-se aqui que tanto esses processos como essa referência neutra são parte do ciclo no qual são influenciados pela percepção das informações, categorização e ativação dos *scripts*, posteriormente influenciando as próprias instituições de justiça. Isso significa que é possível e, também, provável, que essa referência distributiva varie de um contexto social para o outro, como foi discutido nos experimentos interculturais mostrados no Capítulo 2.

Bolton e Ockenfels (2000) constroem um modelo que chamam de ERC, captando três tipos de comportamento: equidade, reciprocidade e competição. Assim como o modelo FS, o modelo ERC insere a parcela das recompensas relativas no que os autores chamam de *função de motivação*, que nada mais é do que uma função de utilidade esperada, também tendo como argumento o ganho material do indivíduo. Segundo os autores, os pesos que cada indivíduo dá para a importância do próprio ganho material e para a distribuição de ganhos pode variar no longo prazo (por mudanças em variáveis como idade, educação, crenças políticas e religiosas, entre outros fatores), mas eles assumem que esse *trade-off* é estável no prazo de duração de um experimento. Uma hipótese importante do modelo é de que, mantendo o argumento do ganho pecuniário fixo, a função de motivação é estritamente côncava no argumento referente à distribuição das recompensas, com um ponto de máximo na alocação na qual a parcela do indivíduo é igual à parcela média. Isso implica que a divisão igualitária tem um significado coletivo, sendo a distribuição de referência desse modelo. Uma consequência das hipóteses é de que, diferentemente de FS, a preocupação com a distribuição dos ganhos materiais não é autocentrada no modelo ERC, ou seja, o agente não se preocupa apenas com sua posição relativa, mas também com a distribuição de ganhos entre os demais agentes.

O modelo ERC possui algumas limitações que devem ser ressaltadas. Primeiramente, o modelo não busca captar as intenções dos agentes, apenas suas preocupações com os ganhos relativos. Segundo, não é dinâmico, ou seja, não é possível realizar uma análise sobre o aprendizado dos agentes. Terceiro, baseia suas observações em jogos bem simples, o que não permite testar os resultados em ambientes mais complexos que evidenciem uma racionalidade limitada dos agentes. Quarto, a distribuição de referência social igualitária é definida de maneira muito simples, como uma hipótese do modelo, não levando em consideração o ambiente institucional por meio do qual se observam diferentes padrões de justiça em diferentes sociedades e culturas, ainda que seja necessário reconhecer o elevado grau de ubiquidade desse tipo de norma de justiça. Mesmo com essas limitações, o modelo ERC consegue explicar uma série de resultados observados em diferentes tipos de jogos.

Apesar da importância que muitos dão ao papel da preferência por aversão à desigualdade em alguns modelos, isso não é um consenso dentro da literatura. Primeiramente, Berg e Gigerenzer (2010) levantam um questionamento sobre a capacidade que o modelo FS tem em fornecer contribuições relevantes no que tange a um realismo psicológico de como os agentes agem em situações do mundo real. Adicionalmente, criticam a falta de tentativa de replicar as estimativas dos parâmetros do modelo para previsões fora da amostra, sem a necessidade de ajustamento a cada novo conjunto de dados:

> This approach almost surely fails at bringing improved psychological insight about the manner in which social variables systematically influence choice in real-world settings. Think of a setting in which social variables are likely to loom large, and ask yourself whether it sounds reasonable that people deal with these settings by

computing the benefits of being ahead of others, the costs of falling behind the others, and the intrinsic benefits of own payoffs - and then, after weighting and adding these three values for each element in the choice set, choosing the best. This is not a process model but an as-if model. Could anyone defend this process on the basis of psychological realism? (...) A related concern is the lack of attempts to replicate parameter estimates. Binmore and Shaked (2007) raise this point in a critique of Fehr and Schmidt (1999) - and of experimental economics more generally. Binmore and Shaked point out that, if Fehr and Schmidt's model is to be taken seriously as an innovation in empirical description, then a single parameterized version of it should make out-of-sample predictions and be tested on multiple data sets - without adjusting parameters to each new data set (BERG AND GIGERENZER, 2010, p.138-139)

Tokumaru (2016) utiliza um experimento envolvendo uma etapa de produção e outra de distribuição dos rendimentos para mostrar que o modelo FS não consegue prever muito bem as decisões distributivas dos agentes nesse tipo de caso. A partir de FS, supõe-se que os agentes maximizam uma função valor que tem uma relação positiva com os ganhos materiais e uma relação negativa com a desigualdade distributiva, ou, de forma mais geral, uma relação negativa com o desvio em relação a alguma norma distributiva ideal:

$$V_i = \lambda_m y_i - \lambda_s \left( \frac{y_i - F^{k(i)}}{\Pi} \right)^2, \quad \lambda_m + \lambda_s = 1, \quad 0 \leq \lambda_m, \lambda_s$$

Essa equação representa a função valor para um indivíduo $i$, no qual: $y_i$ é seu ganho material; $\lambda_m$ e $\lambda_s$ são os parâmetros de ponderação que refletem o quanto $i$ percebe que seu bem-estar advém do ganho material e quanto advém do cumprimento de uma norma que corresponde ao seu ideal de justiça, respectivamente; $F^{k(i)}$ denota o ideal de justiça[55] para $i$; $\Pi$ é igual ao montante total a ser dividido. Percebe-se que o segundo termo do lado direito mostra justamente que o desvio em relação ao ideal de justiça tem um peso negativo na função valor de $i$. Maximizando a função valor em relação a $y_i$, tem-se que a distribuição ótima para o próprio agente será:

$$y_i^* = F^{k(i)} + \left(\frac{\lambda_m}{1 - \lambda_m}\right)\Pi$$

O primeiro termo do lado direito pode ser entendido como a parcela do montante ideal $y_i^*$ baseado no ideal de justiça, enquanto o segundo termo indica o quanto $i$ pode adicionar a esse montante ideal através do ganho material próprio.

Em seu experimento, Tokumaru formou duplas (constituindo um "time" de duas pessoas) entre 134 estudantes de todos os departamentos de graduação da Universidade de Kyoto[56], no qual cada agente deveria participar de duas fases: produção e distribuição. Na fase de produção, pediu-se aos participantes que eles ganhassem determinado número de pontos, sendo que a renda adquirida pelos dois membros do time consistia nos rendimentos totais. Cada participante recebeu uma dotação inicial de 300 pontos, podendo realizar investimentos de 0, 100, 200 ou 300 pontos. Os pontos não investidos eram adicionados aos ganhos finais do agente. Depois de decidir o quanto investir, um computador sorteava

---

[55] Tokumaru (2016) testa três tipos de normas (ou ideais) distributivas: Utilitária ($F^{k(i)} = \Pi$), Igualitária ($F^{k(i)} = \Pi/2$) e Liberalista ou Equitária ($F^{k(i)} = \pi_i$), onde $\pi_i$ é o rendimento relativo, ou seja, é a parcela do rendimento total $\Pi$ que foi obtida por $i$ após a fase de produção do jogo.

[56] A identidade da pessoa com que um indivíduo era pareado era anônima, tanto durante quanto depois do experimento.

um número para cada participante do time, com uma probabilidade de 50% de ser o número "2" e 50% de ser "4". O investimento de cada participante, então, era multiplicado pelo número sorteado, rendendo os ganhos de produção $(\pi_i)$. A soma do rendimento dos dois agentes resultava no montante total do time $(\pi_1 + \pi_2 = \Pi)$. Posteriormente, na fase de distribuição, cada indivíduo recebia a informação de qual tinha sido o total investido por seu par e o número sorteado para ele, e deveria propor uma distribuição do montante total do time. Finalmente, uma das duas propostas era sorteada e era realizado o pagamento aos participantes[57].

De acordo com os resultados do experimento, observou-se que um número significativo dos participantes cujos rendimentos relativos eram menores do que os rendimentos do seu par optaram por uma distribuição igualitária. Por outro lado, os participantes com maior rendimento relativo tenderam a optar por uma distribuição equitativa. Isso porque uma distribuição igualitária eleva o ganho daqueles com uma renda relativa menor, ao passo que a distribuição equitativa favorece aqueles com maior renda relativa. Nesses dois grupos e no grupo no qual as rendas relativas dos dois participantes eram iguais, também se observou que cerca de 27% dos jogadores optaram por uma distribuição utilitarista. Esses resultados mostram que os participantes reconhecem três ideais de justiça, mas selecionam, estrategicamente, aquele que os beneficia mais, principalmente quando têm alguma vantagem ou desvantagem nos seus rendimentos relativos. Esse comprometimento exclusivo da grande maioria dos participantes (85%) com uma das três normas de justiça mostra que a função valor do modelo FS não consegue explicar satisfatoriamente os resultados, sendo que a estimação de $y_i^*$ não condiz com os resultados observados no experimento. No entanto, nota-se

---

[57] Cada ponto consistia em 1 yen, sendo que o câmbio da época era de aproximadamente 100 yen = US$1,00.

que, embora a equação não tenha estimado bem os resultados distributivos do experimento, ela acerta no sentido de mostrar que os jogadores têm tanto uma preocupação em obedecer a uma norma de justiça quanto têm um lado egoísta, pois selecionam essa norma de maneira oportunista.

Haselhuhn e Mellers (2005) realizaram experimentos com o Jogo do Ultimato e com o Jogo do Ditador para mostrar que as preferências são baseadas em um *trade-off* entre o *prazer estratégico*, ou seja, aquele prazer esperado das ofertas (já ponderando pela probabilidade de a oferta ser aceita pelo respondente) e o *prazer não estratégico*, que é o prazer imaginado de uma oferta aceita. Os experimentos tinham o objetivo de verificar em que medida os participantes[58] exibiam (ou não) uma preferência por justiça (entendida como uma preferência por uma distribuição mais igualitária) ou agiam de modo estratégico, preferindo realizar ofertas mais igualitárias apenas no Jogo do Ultimato, no qual os respondentes tinham a possibilidade de não aceitar a oferta e eliminar qualquer possibilidade de ganho no jogo. Antes de iniciarem os jogos, os proponentes deveriam dar uma nota ao sentimento de prazer que achavam que iriam sentir para cada resultado possível do jogo (eram 11 resultados possíveis, visto que o montante total a ser dividido nos dois jogos era de 10 dólares, além do caso de rejeição da oferta no Jogo do Ultimato, que renderia uma recompensa nula), sendo que a nota poderia ir de -8 (extremamente infeliz) a 8 (extremamente feliz). Depois, deveriam responder como eles achavam que o respondente iria se sentir recebendo cada recompensa. Em seguida, os proponentes deveriam ranquear em ordem de preferência as ofertas, sendo a primeira aquela que eles escolheriam durante

---

[58] No experimento com o Jogo do Ultimato, foram recrutados 80 estudantes de administração da Universidade da Califórnia em Berkeley. No experimento com o Jogo do Ditador, foram recrutados 86 estudantes de administração. Todos os estudantes receberam o pagamento de acordo com os resultados dos jogos em que participaram.

o jogo. Por fim, eles deveriam estimar a probabilidade de o respondente aceitar cada oferta possível (para o caso do Jogo do Ditador, deveriam supor que o respondente poderia rejeitar a oferta).

Os resultados do experimento com o Jogo do Ultimato mostraram que aproximadamente 25% dos proponentes não derivaram prazer com uma maior equidade distributiva, 65% derivaram algum prazer por essa questão de justiça e 10% obtiveram um elevado prazer por causa das distribuições mais igualitárias. Aqueles que não derivaram nenhum prazer com justiça tenderam a realizar escolhas consistentes com o prazer estratégico, ou seja, pareceram agir de modo mais justo apenas por motivos estratégicos, buscando maximizar a recompensa material. Já para aqueles que derivam a maior parte do seu prazer da preocupação com uma distribuição mais igualitária, as preferências podem ser previstas pelo prazer não estratégico, refletindo uma correlação elevada entre o ranqueamento das ofertas e o prazer imaginado de uma oferta aceita. Os resultados do Jogo do Ditador mostraram que, em média, as ofertas foram menores e com uma variância maior. 55% dos ditadores não derivaram nenhum prazer com justiça, 30% tiveram algum prazer advindo dessa preferência e 15% sentiram um prazer elevado por conta da distribuição igualitária. Observou-se que aqueles que não derivaram nenhum prazer com justiça escolheram ofertas mais egoístas, já que não tinham uma preocupação estratégica em propor ofertas mais igualitárias, como no caso do Jogo do Ultimato. Por outro lado, o grupo para o qual a igualdade distributiva era uma fonte de prazer apresentou, em geral, ofertas igualitárias, refletindo uma preferência por justiça.

As evidências encontradas por Haselhuhn e Mellers (2005) sugerem que a aversão à desigualdade pode ser uma explicação para a constante observação de ofertas não completamente egoístas em jogos econômicos, mas que os indivíduos, ou ao menos uma parcela deles, também podem lançar mão desse tipo de oferta de modo puramente estratégico. Outro ponto interessante do estudo é que eles forçam o proponente a dar uma importância para as expectativas quanto à atitude do respondente (pedindo para que deixem explícito a probabilidade esperada da aceitação de uma oferta) e aos sentimentos (refletidos pelo nível de felicidade esperada tanto do proponente quanto do respondente) que os jogadores provavelmente terão, o que ressalta a interação entre os fatores que influenciam o comportamento durante o jogo. Ressalta-se que os próprios autores reconhecem que o comportamento justo pode se dar por questões morais e éticas, refletindo um dos canais pelos quais as instituições de justiça influenciam os indivíduos.

É interessante notar que, assim como no momento no qual o indivíduo está prestando atenção nas diferentes saliências presentes no ambiente, quando ele é levado a tomar alguma ação ele também demonstra um *self-serving bias*, escolhendo, de modo oportuno, a ação que mais o beneficia, como pode ser observado nos experimentos de Tokumaru (2016) e Haselhuhn e Mellers (2005). Esse tipo de viés está presente em diversos contextos e, quanto maior for a ambiguidade moral do ambiente, maior será a probabilidade do indivíduo agir de modo a ter um viés para benefício próprio em questões relativas ao que ele acredita ser justo:

> Although psychologists debate the underlying cause of the self-serving bias, its existence is rarely questioned. The self-serving bias is evident in the "above average" effect, whereby well over half of survey respondents typically rate themselves in the top 50 percent of drivers (Svenson, 1981), ethics (Baumhart, 1968), managerial prowess (Larwood and Whittaker, 1977), productivity (Cross, 1977), health (Weinstein, 1980) and a variety of desirable skills. It is also evident in the large body of research showing that people overestimate their own contribution to joint tasks. (...) This research suggests

> that self-serving assessments of fairness are likely to occur in morally ambiguous settings in which there are competing "focal points" - that is, settlements that could plausibly be viewed as fair. (BABCOCK AND LOEWENSTEIN, 1997, p.110-111)

Outro estudo que contesta o poder explicativo dos modelos de aversão à desigualdade é o de Charness e Rabin (2002). Eles afirmam que a preferência por aversão à desigualdade das recompensas não é tão relevante quanto costuma ser apontado. Segundo os autores, há alguns problemas nos experimentos em que se baseiam modelos como o FS e o ERC:

> A major motivation for our research was a concern about pervasive and fundamental confounds in the experimental games that have inspired recent social-preferences models. Most notably, papers presenting difference-aversion models have argued that Pareto-damaging behavior — such as rejecting unfair offers in ultimatum games, where subjects lower both their own and others' payoffs — can be explained by an intrinsic preference to minimize differences in payoffs. But this explanation is almost universally confounded in two ways: first, opportunities for inequality-reducing Pareto-damaging behavior arise in these games solely when a clear motivation for retaliation is aroused. Second, the only plausible Pareto-damaging behavior permitted is to reduce inequality. Difference aversion has also been used to explain helpful sacrifice — such as cooperation in prisoner's dilemmas — as a taste for helping those with lower payoffs. But here again two confounds are nearly universal: the games studied only allow efficient helpful sacrifice that decreases inequality, and only when a motive for retaliation is not aroused. (CHARNESS AND RABIN, 2002, p.818)

Eles formularam um modelo simples com três diferentes parâmetros que foram estimados com base em experimentos com 29 tipos diferentes de jogos elaborados pelos próprios autores. É um modelo linear simples, no qual a utilidade de A é uma soma ponderada do seu próprio ganho material e do ganho material de B. Supondo a função de utilidade de A, os três parâmetros são: o peso que se dá à recompensa de B quando ele recebe mais do que A ($\sigma$); o peso que se dá à recompensa de B quando ele recebe menos do que A ($\rho$); a mudança na ponderação dos ganhos de A e B, caso B se comporte mal ($\theta$). Os dois primeiros parâmetros refletem preferências sobre a distribuição, ao passo que o último consegue captar a influência da reciprocidade.

Os resultados encontrados por Charness e Rabin mostraram que o papel motivacional que a redução da desigualdade pode desempenhar nas escolhas dos indivíduos foi superestimado por outros autores. Observou-se que comportamentos Pareto não eficientes ocorrem mais no sentido de aumentar a desigualdade do que de diminuí-la. As regressões realizadas apontam para um $\sigma$ próximo a zero, um $\rho$ elevado e um $\theta$ significativamente diferente de zero. Assim, na média, o indivíduo se preocupa com resultados mais igualitários apenas quando tem um ganho maior que o outro indivíduo. Adicionalmente, a reciprocidade é, de fato, importante, embora muito mais forte no sentido da punição do que da recompensa. Um resultado surpreendente encontrado pelos autores mostrou que a reciprocidade positiva não teve influência no comportamento: menos agentes do tipo B sacrificaram parte do seu ganho para aumentar o ganho de A, após este tomar uma decisão boa, do que o caso no qual A não tomou nenhuma decisão prévia à escolha de B. No entanto, esse resultado não pode ser generalizado. Em um dos jogos, o agente A poderia escolher ficar com 750 pesetas[59] e dar 0 para B (recompensa (750,0)), ou deixar o agente B escolher entre

---

[59] Aproximadamente US$5,25 no câmbio da época em que foi realizado o experimento.

(750, 400) e (400, 400). Apenas 6% dos agentes do tipo B escolherem a recompensa igualitária. Nos casos em que A não tinha escolha prévia, o percentual de agentes B que escolheu o resultado (400, 400) aumentou para 30%. Isso mostra que, pelo menos em casos mais extremos (nesse exemplo, a situação em que B corria o risco de receber zero caso A preferisse), é possível notar a presença de uma reciprocidade positiva.

Além da crítica em relação aos modelos de aversão à desigualdade, ressalta-se que nem esses modelos e nem o modelo estimado por Charness e Rabin (2002) levam em consideração o conceito dos *scripts* e da ativação das normas e convenções de forma que as preferências sejam condicionais, como no modelo proposto por Bicchieri (2006). Esses modelos requerem que as preferências sejam estáveis, além de não levarem em consideração as crenças e as intenções dos indivíduos. A heterogeneidade dos agentes é pré-determinada através de uma distribuição de tipos, sendo alguns considerados mais egoístas e outros menos.

Sobre a importância das normas, expectativas condicionais e o papel dos processos e intenções no modo como os modelos tentam explicar os resultados observados em diversos experimentos, Bicchieri afirma:

> It must be added that another important difference between a simple preference for fairness and a conditional preference for conforming to a norm of fairness involves a distinction between consequentialist and process-oriented modes of appraising outcomes. A model that assumes a preference for fairness presupposes that people value the distributive consequences of outcomes. How such consequences are obtained does not matter (Fehr et al. 2003). It is well established, however, that identical outcomes are evaluated very differently, depending on the perceived 'intentions' of the parties. Recognizing the role played by intentions and beliefs about intentions means recognizing that people

care about how an outcome is obtained. Models that include judgments about other players' intentions (Rabin 1993), however, do not explain how we are able to detect intentions. People are not transparent, and usually all we can observe are their actions and the circumstances of choice. I argue that it is precisely the specific interpretation of a context that lends meaning to an action, and judging an act as fair or unfair, cooperative or mean makes sense only against the background of shared norms defining and prescribing fair or cooperative behavior. If people are indeed process oriented, if they care about the way an outcome is obtained, they need social norms to guide them in judging whether the process was fair or the intention kind. (BICCHIERI, 2006, p.58)

Além de Bicchieri ressaltar questões como a importância dos processos e intenções, duas dimensões de justiça que geralmente não são captadas pelos modelos de preferência por justiça, ela trata também de outra característica que é ignorada por esses modelos: a condicionalidade das preferências. Desde trabalhos como de Varian (1976) e Baumol (1982), passando pelo modelo de Rabin (1993), até os modelos de aversão à desigualdade de Fehr e Schmidt (1999) e Bolton e Ockenfels (2000), as preferências dos agentes são sempre estáveis. Nos dois primeiros casos, os autores definem uma distribuição como justa caso, dada a alocação final, nenhum agente inveje a cesta de bens do outro agente. Rabin, por sua vez, também assume preferências estáveis, mesmo que introduza as crenças dos agentes na função de utilidade. Por fim, os modelos de aversão à desigualdade não introduzem nenhum elemento que permita caracterizar os agentes com preferências condicionais, sendo que, de modo geral, esses agentes sempre buscam uma alocação final ponderando seus ganhos materiais com o nível de desigualdade gerado[60].

As preferências não são apenas condicionais no sentido de que são específicas para cada tipo contingência, mas também são endógenas e mutáveis, e são aprendidas por processos que podem ou não ser intencionais. Dessa forma, as preferências fazem parte do Esquema Circular Geral, pois também são influenciadas pelas instituições:

> "If preferences are affected by the policies or institutional arrangements we study, we can neither accurately predict nor coherently evaluate the likely consequences of new policies or institutions without taking account of preferences endogeneity" (BOWLES, 1998, p.75).

Damásio (1994) também aponta que os mecanismos regulatórios que, estabelecidos através da genética, definem as preferências inatas – relacionadas à garantia de sobrevivência

---

[60] Van Winden (2007) afirma que há dois tipos de abordagem utilizadas para introduzir justiça nos modelos econômicos: *outcome-based inequity aversion* e *intention-based reciprocity*. O primeiro caso pode ser representado, por exemplo, pelo modelo de Fehr e Schmidt (1999), no qual o foco se dá no resultado e na diferença das recompensas dos agentes. O segundo caso, por sua vez, pode ser representado pelo modelo de Rabin (1993), no qual não é apenas o resultado que importa, mas também as intenções. Em todo caso, ele aponta que esses dois tipos não deixam de abandonar uma caracterização extremamente racional do indivíduo, não reconhecendo o papel das preferências condicionais e nem mesmo a possibilidade de uma racionalidade limitada: "Note that the two modeling approaches discussed above incorporate fairness by just adding an argument in the utility function. Behavior is still assumed to be in line with the rational pursuit of stable preferences, consistent beliefs, and the maximization of utility. In doing so, the life of homo sapiens has in fact become (even) more complicated than that of homo economicus, because the required reasoning, involving now additional (social) preferences or beliefs, is more demanding. This seems to run counter to the other strand of research in behavioral economics focusing on bounded rationality" (van Winden, 2007, p.39).

do organismo – são responsivos às experiências que os indivíduos têm em um ambiente imbuído de regras éticas e convenções, moldando os circuitos cerebrais e modificando as preferências ao longo do tempo[61]. Segundo o autor:

> Preorganized mechanisms are important not just for basic biological regulation. They also help the organism classify things or events as "good" or "bad" because of their possible impact on survival. In other words, the organism has a basic set of preferences - or criteria, biases, or values. Under their influence and the agency of experience, the repertoire of things categorized as good or bad grows rapidly, and the ability to detect new good and bad things grows exponentially (DAMÁSIO, 1994, p.117)

Após aprendidas, as preferências são internalizadas, tornando-se razões generalizadas para o comportamento. Essa generalização, por sua vez, pode ocorrer por mecanismos como *learning by doing* ou a redução de dissonância. No primeiro mecanismo, os comportamentos que obtêm algum tipo de sucesso nas atividades de alguma esfera da vida são generalizados para outras esferas. No segundo, os elementos cognitivos em dissonância são alterados, como quando uma pessoa modifica seu modo de agir ou de pensar por ser inconsistente com seus valores (Bowles, 1998; Festinger, 1962). Independentemente do mecanismo de generalização, os modelos de preferências sociais citados anteriormente não permitem esse tipo de mudança nas preferências. Apesar de ser uma limitação desses modelos, isso não significa que suas

---

[61] Bowles (1998) também reconhece que a genética é um elemento fundamental para a determinação das preferências, mas afirma que os efeitos mais importantes das instituições econômicas sobre as preferências se dão pelo aprendizado. Da mesma forma que uma pessoa pode aprender a gostar de uma comida que antes não gostava, as preferências relativas a uma distribuição ou a um tipo de processo distributivo podem se modificar ao longo do tempo.

contribuições sejam irrelevantes, pois pode se considerar que suas análises são válidas para questões de curto prazo, no qual não há tempo para processos de aprendizagem ou redução de dissonância.

Além da importância de perceber a condicionalidade das preferências, Bicchieri (2006) também salienta que os indivíduos têm uma preocupação por uma justiça procedimental. Como destacado no capítulo anterior, as pessoas têm expectativas e constroem preferências em relação a como percebem a justiça dos processos de escolha e de decisão das interações sociais. Tyler (1997) mostra que processos justos são a base de aceitação e conformidade das pessoas em relação às leis formais. Ele argumenta que, além de grande parte das leis serem difíceis e custosas de serem monitoradas, as pessoas se importam mais com a moralidade e legitimidade das leis e autoridades legais do que com o medo de sanções e punições. A principal característica que define essa legitimidade é a percepção de justiça dos processos de construção da lei e do processo de tratamento das autoridades. A moralidade, por sua vez, também está relacionada a esse tipo de justiça procedimental e ao que as pessoas tomam como certo ou errado, mostrando que todo o aparato institucional formal só será socialmente efetivo se levar em consideração essas questões em sua construção e aplicação.

Frey et al. (2004) atribuem a essa preferência pela justiça dos processos o que chamam de *utilidade procedimental*, representando uma abordagem diferente ao tipo de utilidade normalmente utilizada na teoria econômica. Três fatores sustentam esse tipo de utilidade: a utilidade é entendida como uma medida de bem-estar; os processos e instituições sob os quais as pessoas vivem são vistos como fontes independentes de utilidade; as pessoas têm um senso de si mesmas, ou seja, possuem necessidades psicológicas tais como autonomia, competência e parentesco[62]. Resumindo o conceito:

> Procedural utility thus can be defined as the well-being people gain from living and acting under institutionalized processes as they contribute to a positive sense of self, addressing innate needs of autonomy, relatedness, and competence. (FREY ET AL., 2004, p.381)

Pode-se afirmar que a utilidade procedimental e a preferência por uma justiça procedimental têm origem nas instituições vigentes (formais e informais) e nas relações entre os indivíduos, não sendo uma característica única dos processos de construção de leis ou do tratamento de autoridades. Através de um questionário realizado em mais de 500 domicílios na Suíça e na Alemanha, Frey e Pommerehne (1993) mostraram que as pessoas, em geral, observam o sistema de preços como um procedimento de alocação de recursos menos justo do que um processo baseado na tradição (no caso, a ideia de que "os primeiros a chegar, são os primeiros a se servir") ou em uma alocação administrativa, levada a cabo por regras determinadas pelo governo. Apenas um processo baseado na sorte foi considerado mais injusto que o sistema de mercado. Frey e Stutzer (2000) realizaram um estudo empírico e demonstraram que as pessoas auto reportaram um bem-estar subjetivo maior nos cantões da Suíça nos quais a participação democrática era maior. Os autores mostraram que fatores institucionais relacionados ao aumento da participação democrática podem influenciar mais do que as variáveis demográficas e econômicas na felicidade das pessoas

---

[62] Essa é uma noção do termo *agency*. A necessidade de autonomia diz respeito à necessidade de a pessoa organizar suas próprias ações. A necessidade de parentesco se refere ao desejo de se sentir conectado aos outros através de laços afetivos ou ser tratado com respeito por um grupo social. Por fim, a necessidade de competência se refere à propensão para controlar o ambiente e verificar que é capaz e eficaz no modo de influenciar esse ambiente (Frey et al., 2004).

e, mais do que isso, constataram que cerca de dois terços do aumento do bem-estar é de responsabilidade de uma utilidade procedimental, não de uma utilidade advinda dos resultados *per se.*[63]

Anand (2001) enviou questionários para mais de 600 pessoas na Inglaterra no intuito de comprovar a importância da justiça procedimental na escolha dos indivíduos. Ele também constatou que as pessoas acreditam que processos baseados na sorte não são muito justos, e observou uma preferência por processos baseados em negociações. Mesmo quando as pessoas deveriam optar entre um processo baseado apenas em questões técnicas ou em um processo baseado em discussões, a maioria optou pela linha conjunta da discussão e negociação.[64] A principal hipótese defendida pelo autor é de

---

[63] A metodologia utilizada pelos autores constituiu na estimação da diferença entre o ganho marginal que os suíços têm pelo aumento da participação democrática (um índice criado pelos pesquisadores) e o ganho percebido pelos estrangeiros que residiam na Suíça. Como os estrangeiros não têm direito de participar das decisões políticas, conseguem aproveitar apenas a utilidade dos resultados e das consequências de se ter um aumento da participação democrática na região em que vivem, não podendo reportar uma utilidade procedimental advinda da própria participação.

[64] Em uma das questões do artigo, os autores supunham uma situação na qual a pessoa era apresentada a um problema de alocação de lixo nuclear, no qual um país estava considerando alguns locais para armazenar o lixo. A pessoa recebia a opção de três procedimentos para definir onde alocar o lixo, sendo que deveria classificar as três opções entre muito injusta, injusta, justa ou muito justa. Uma opção era realizar uma negociação entre o governo e representantes das comunidades; outra opção era realizar uma análise técnica financeira e não-financeira dos custos e benefícios de cada local; por fim, a última opção envolvia tanto a negociação como a apresentação de uma análise técnica. Observou-se que 94% das pessoas consideraram a terceira opção justa ou muito justa, ao passo que esse número cai para 72% para a primeira opção (negociação) e apenas 48% para a segunda opção (análise técnica).

que as pessoas preferem processos nos quais tenham alguma "voz" e se sintam representadas, ou seja, ressaltam o conceito de *agency*[65]. Além disso, ele mostrou que agir de modo educado ou pedir desculpas são fatores que podem influenciar muito na percepção de um processo de decisão ou escolha como sendo justo, ainda que sejam fatores considerados *cheap-talk* e que não influenciam o resultado material final.[66] Por fim, Anand afirma que a presença de um elevado grau de incerteza sobre os resultados materiais em algumas interações sociais faz com que o monitoramento e o controle dos processos seja uma forma de se tentar alcançar resultados mais justos, mitigando o efeito da sorte.

Em resumo, é possível constatar que as preferências sociais são, de fato, fatores relevantes para a construção da percepção de justiça dos indivíduos, influenciando os comportamentos e pensamentos sobre justiça, apresentando uma interação elevada com as expectativas e crenças. No entanto, ainda é discutível o quanto questões como o altruísmo ou a aversão à desigualdade são mais ou menos influentes do que o interesse material próprio e o comportamento estratégico. Ainda assim, é possível identificar que a contribuição relativa desses fatores para a explicação do comportamento e pensamento está atrelada à cada situação específica, dependendo das saliências, categorias e *scripts* que são ativados em cada caso. Além disso, ressalta-se que as

---

[65] Além de "voz", Dolan et al. (2007) definem mais cinco características centrais que compõem a preferência por determinado processo: neutralidade dos participantes; consistência no critério de tomada de decisão, ou seja, critérios similares para processos similares que ocorrem ao longo do tempo; precisão das informações utilizadas; possibilidade de reversibilidade ou protesto sobre a decisão; transparência sobre o funcionamento e as regras do processo.

[66] Isso porque, formalmente, essas atitudes não são *binding*. Não há como garantir que nas próximas interações o indivíduo será educado novamente ou não cometerá os mesmos erros pelos quais ele pede desculpas.

preferências são condicionais, isso é, não são estáticas, podendo ser alteradas ao longo do tempo ou dependendo da contingência. Processos de aprendizado como o *learning by doing* ou a busca por uma redução da dissonância cognitiva são exemplos de como essas preferências são internalizadas ou se alteram. Finalmente, deve-se ressaltar a importância da preferência por processos justos ou a busca pela justiça procedimental, o que faz com que a discussão sobre a percepção de justiça e suas instituições não gire apenas ao redor dos resultados distributivos, o que acaba acontecendo na maioria dos estudos sobre justiça dentro da literatura *mainstream*.

# Capítulo 4: Processamento Afetivo e Emoções

## 4.1 Processamento Afetivo

Dentre os fatores que influenciam na percepção de justiça dos agentes, as emoções e sentimentos são, provavelmente, aqueles que foram menos integrados à teoria econômica. Isso não significa que são fatores de menor importância para explicar o comportamento dos indivíduos e o desenvolvimento das instituições de justiça. Apenas reflete, em certa medida, uma incompatibilidade entre os pressupostos da racionalidade perfeita e da maximização de utilidade assumidos pela teoria neoclássica e o reconhecimento de que o comportamento e o pensamento podem ser condicionados por impulsos emocionais. Além disso, requer um esforço adicional dos economistas para desenvolver uma teoria mais interdisciplinar, que atente não apenas para os elementos cognitivos, mas também afetivos, levando em consideração a complexidade e o papel da estrutura mental humana, como proposto pela ontologia da bimodalidade. Como aponta LeDoux (1984):

> Just how feelings, affect, or emotion should be plugged into or at least related to cognitive models in other than trivial ways, however, has remained rather mysterious. Part of the difficulty involves the fact that while the study of emotion has attracted the interest of physiological, social, and clinical psychologists, cognitive science has been dominated by learning, linguistic, and artificial intelligence concerns. Since the theoretical constructs that have emerged reflect the diverse backgrounds of the workers in each field, it is not very surprising that cognitive and emotional constructs bear little relation to one another. (LEDOUX, 1984, p.357)

Assim, uma contribuição do Esquema Circular Geral é reconhecer as emoções como um fator tão importante quanto todo o processo cognitivo e as preferências, expectativas e crenças para a percepção de justiça dos agentes (região 3). No entanto, antes de realizar uma análise dos impactos que as emoções e sentimentos têm sobre a percepção de justiça, é preciso entender como essas emoções podem ser introduzidas no ECG. Para isso, deve-se verificar se os mecanismos responsáveis pelas emoções são independentes dos mecanismos cognitivos, se os antecedem, sucedem, ou se são processos inter-relacionados.

Dentro da psicologia cognitiva social e dos estudos de neurociência, a década de 1980 e o início da década de 1990 marcam um período em que há importantes estudos relacionados ao funcionamento dos processos cognitivos e afetivos. Autores como Zajonc (1980), LeDoux (1984) e Damásio (1994) mostraram que a cognição e a emoção podem ser ambas entendidas como funções de processamento de informação de subsistemas neurais. Os três autores atestam a necessidade de reconhecer esses sistemas como específicos a partir de bases tanto psicológicas e cognitivas quanto biológicas. Segundo Damásio, os sistemas neurológicos responsáveis pelos sentimentos e pela racionalidade estão completamente intricados com as estruturas cerebrais responsáveis pelas regulações biológicas mais básicas:

> In a departure from current neurobiological thinking, I propose that the critical networks on which feelings rely include not only the traditionally acknowledged collection of brain structures known as the limbic system but also some of the brain's prefrontal cortices, and, most importantly, the brain sectors that map and integrate signals from the body. (...) The apparatus of rationality, traditionally presumed to be neocortical, does not seem to work without that of biological regulation, traditionally presumed to be *sub*cortical. Nature appears to have built

the apparatus of rationality not just on top of the apparatus of biological regulation, but also *from* it and *with* it. (DAMÁSIO, 1994, p.xiv,128)

Através da observação dos resultados de experimentos de cérebro dividido que refletiam as respostas de pessoas a estímulos do ambiente em seu campo visual direito ou esquerdo (processados no hemisfério esquerdo e direito do cérebro, respectivamente), LeDoux (1984) propõe que existe um sistema de processamento afetivo dentro do cérebro que é funcionalmente e anatomicamente independente dos mecanismos de processamento cognitivo:

> Afferent processing of environmental stimulation is generally thought of in terms of peripheral sensory receptors, subcortical relay nuclei and neocortical perceptual mechanisms. Where in this chain of cognition does affective processing enter? The most intuitively appealing answer would be that affective processing is postcognitive. After we know what a stimulus is, we figure out what it means to us. However, in the split-brain experiment described above, the left hemisphere monitored affective signals without any clue to the nature of the objective stimulus. Affective processing, in that instance, was clearly not based on perceptual processing. If not postperceptual, then what? Zajonc (e.g., 1980) and his colleagues have conducted an especially interesting series of experiments that have provided compelling psychological evidence of a preperceptual basis for affective reactions. Making use of the fact that people and animals develop preferences for familiar stimuli (Zajonc, 1968), Kunst-Wilson and Zajonc (1980) demonstrated that preferences developed even when the stimuli were presented too fast for recognition. Though the subjects had no recognition memory for preexposed nonsense shapes, they developed strong preferences for those items over novel items. On the basis of this and other studies of normal humans, Zajonc (1980) has argued for a

distinction between affect and cognition similar to the neurologically based distinction being promoted here. (LEDOUX, 1984, p.360-361)

Mesmo afirmando que o processo afetivo é independente do cognitivo e que pode preceder a este, inclusive influenciando as preferências diretamente, tanto Zajonc quanto LeDoux e Damásio não descartam que ambos os processos possuem algum tipo de interação, ainda que possa ser limitada. Como já fora atestado por Damásio, ele afirma que as emoções estão sob o controle tanto das estruturas subcorticais quanto neocorticais, além de que os sentimentos são tão cognitivos quanto qualquer imagem perceptiva e tão dependentes do processamento do córtex cerebral quanto qualquer outra imagem. A própria definição de "sentimento"[67] – na visão de LeDoux - como sendo um resultado da atenção consciente de algum aspecto do processamento afetivo já pressupõe a interação entre os dois sistemas:

> The function of the affective processing system is thus the analysis of the subjective significance of environmental, bodily, or mental afference and the selection and regulation of the behavioral and physiological adjustments precipitated by affective analysis. These activities are continuous, regardless of the

---

[67] LeDoux (1984) e Damásio (1994) definem *sentimento* como um estado em que o indivíduo é consciente do resultado do seu processamento afetivo, portanto é resultado da interação entre os mecanismos afetivos e cognitivos. No entanto, autores como Leventhal e Scherer (1987) e Hirshleifer (1993) não distinguem *sentimento* e *emoção*, e o próprio Damásio afirma que essa diferenciação não é um consenso dentro da literatura. Adota-se aqui essa última visão, ou seja, esses dois conceitos são utilizados como sinônimos ao longo do texto. Adiante será apresentado o modelo de Leventhal e Scherer (1987) que permite distinguir o processamento afetivo em diferentes níveis de inter-relação entre emoção e cognição, o que faz com que não seja necessário diferenciar sentimentos e emoções da forma proposta por LeDoux ou Damásio.

focus of conscious attention. Only when conscious attention is directed to some aspect of affective processing does feeling or emotion result. (...) Feeling - that is, conscious awareness of affective processing - is thus a cognitive processing function. Since cognitive processing and affective processing involve unique neural subsystems, feeling must involve interactions between the subsystems. Such interactions can be conceived of as taking place either directly or indirectly. Direct (neural) interactions between cognitive and affective processing systems are determined by the anatomical-physiological links between the systems. Such links provide the conscious person with on-line access to the affective analysis of input and the regulation of affective output. However, direct neural interplay between the cognitive and the affective processing systems appears limited. This limitation is suggested by our usually poor ability to account accurately for our own affective reactions. (LEDOUX, 1984, p.365-366)

Segundo Kaufman (2006), as emoções (ou "sentimentos") têm um caráter multidimensional que é composto de vários aspectos. Um desses aspectos é que as emoções possuem componentes subjetivos, biológicos, intencionais e sociais:

For example, emotions are in part subjective feelings, such as the experience of anger, joy, or jealousy. Emotions also induce biological reactions and energy-mobilizing responses, such as the heightened pulse rate and increased mental and physiological arousal that go with, say, hatred or lust. Emotions are also purposive in that they direct (or redirect) attention and personal resources to deal with a specific event or concern, such as the fear induced by a threat to personal safety or shame caused by an inappropriate action toward others. And emotions are also social phenomena, since individuals use emotional indicators, such as an angry tone of voice or welcoming body language, as a means of interpersonal communication and social coordination. (KAUFMAN, 2006, p.79)

Um segundo aspecto da multidimensionalidade é que as emoções podem servir como um estímulo, resultado ou restrição para um comportamento. Além disso, possuem uma hierarquia na qual é possível determinar emoções básicas ou primárias (e.g. raiva e alegria) e emoções derivadas ou secundárias (e.g. hostilidade e satisfação). Um outro aspecto é que as emoções variam em duração e intensidade, sendo possível distinguir desde situações de experiências emocionais de curta duração e com grau variável de intensidade que são direcionadas a um objeto ou situação bem definidos, passando por estados de humor que podem durar horas ou dias, até situações em que o acúmulo de experiência emocional molda o estado afetivo de uma pessoa por muito tempo, com efeitos que podem ser internalizados de forma a interagir com as preferências e expectativas mesmo no longo prazo. Por fim, um último aspecto da multidimensionalidade apontada por Kaufman é, como já foi destacado no estudo de LeDoux (1984), o grau de relação entre as emoções e o sistema cognitivo.

Para Leventhal e Scherer (1987), as emoções também têm um caráter multidimensional, sendo o produto de um mecanismo com inúmeros componentes que representa uma adaptação filogeneticamente evolutiva, mais complexa do que as simples reações de reflexo ao ambiente. Como exemplo, eles citam a reação que os seres humanos podem ter com a mudança de temperatura do ambiente: ao passo que uma ameba irá se mover de modo reflexivo com a mudança de temperatura, um ser humano enfrentando um frio intenso pode sentir algum sofrimento, experimentar mudanças fisiológicas, ter vontade de se mover e, ainda assim, permanecer no mesmo lugar. Os autores, então, apresentam um modelo de processamento das emoções em três níveis:

motor sensorial, esquemático e conceitual. Esse modelo integra muito bem alguns conceitos cognitivos (como *schematas* e protótipos) com os mecanismos emocionais, de forma a ressaltar a inter-relação entre os dois processos.

No que diz respeito ao nível motor sensorial do modelo, os autores afirmam:

> The sensory motor level of processing consists of multiple components, including a set of innate expressive-motor programmes and cerebral activating systems which are stimulated automatically, i.e. without volitional effort, by a variety of external stimuli and by internal changes of state. These component mechanisms comprise the organism's primary emotional response capabilities and generate its earliest, observable, emotional behaviours. (...) As we shall point out momentarily, emotional reactions based on "pure sensory-motor" processes may be short lived, as these unconditioned reactions are very likely to play a key role in associative learning (Seligman, 1971) and will quickly become the focus for schematic conditioning. (LEVENTHAL E SCHERER, 1987, p.8-9)

Esse nível motor sensorial se relaciona diretamente com o processamento afetivo proposto por LeDoux (1984) e Zajonc (1980), pois diz respeito justamente a estímulos automáticos e reações não condicionais, que ocorrem antes da integração direta com o processo cognitivo. Também se nota que os comportamentos emocionais ocasionados nesse nível têm um papel fundamental no processo de aprendizado associativo, principalmente nos estágios iniciais de desenvolvimento de um indivíduo, quando o sistema cognitivo ainda não é capaz de realizar tarefas mais complexas (Leventhal e Scherer, 1987).

O nível esquemático, ainda que considerado um processo automático, passa a incorporar interações emocionais-cognitivas diretas através de *schematas* e protótipos, organizando a experiência de encontros emocionais previamente experimentados, formando uma memória emocional e estruturando o comportamento emocional, de forma similar ao que os *scripts* fazem através do processo cognitivo ao organizar a forma de entender os eventos sociais:

> The second, schematic, level of processing integrates sensory-motor processes with image-like prototypes of emotional situations. Schemata are created in emotional encounters with the environment and are conceptualised as memories of emotional experiences: they are concrete representations in memory of specific perceptual, motor (expressive, approach avoidance tendencies and autonomic reactions), and subjective feelings each of which were components of the reactions during specific emotional episodes. One or more schemata may form a "memory" of concrete instances that is prototypical of a class of episodes (Yates, 1985). The eliciting perception, i.e. the emotionally provocative object, will be perceived in accord with the level of perceptual-cognitive development of the individual and may emphasise different features. (...) The activation of schemata links a current stimulus setting with the schemata or prototype typical of prior emotional episodes and organizes the experience of emotion and emotional behaviour. Schemata bring to current emotional experience and behaviour short-term temporal expectancies, i.e. the awareness of immediate prior elicitors and immediate consequences. (...) Schematic processing is also automatic and does not require the participation of more abstract, conceptual-level processing. (LEVENTHAL E SCHERER, 1987, p.10)

Por fim, o nível conceitual é desenvolvido e acionado cada vez mais com o crescimento do indivíduo. Nesse nível, ele tem a capacidade de refletir, abstrair e tirar conclusões sobre o ambiente e dar uma resposta emocional a isso. Esse processamento conceitual ativa estruturas de memória formadas por comparações de dois ou mais episódios emocionais e permite o uso volitivo dessas estruturas. Esse é o nível de processamento onde há uma integração direta muito intensa entre os mecanismos emocionais e cognitivos.

Após definir esses três níveis de processamento, os autores afirmam que as emoções são trazidas à tona pelo funcionamento de *stimulus evaluation checks (SECs)*, que são realizados por mecanismos que varrem constantemente os objetos no campo perceptivo, sendo que diferentes padrões ou resultados do processo de checagem geram emoções diferentes. Como proposto por Scherer (1986), existem cinco tipos de checagem, que ocorrem na seguinte ordem: 1. *novelty check*; 2. *intrinsic pleasantness check*; 3. *goal/need significance check*; 4. *coping potential check*; 5. *norm/self compatibility check*[68].

---

[68] Scherer (1986) descreve os cinco tipos de checagem: "1. Novelty check. Evaluating whether there is a change in the pattern of external or internal stimulation, particularly whether a novel event occurred or is to be expected. 2. Intrinsic pleasantness check. Evaluating whether a stimulus event is pleasant, inducing approach tendencies, or unpleasant, inducing avoidance tendencies; based on innate feature detectors or on learned associations. 3. Goal/need significance check. Evaluating whether a stimulus event is relevant to important goals or needs of the organism (relevance subcheck), whether the outcome is consistent with or discrepant from the state expected for this point in the goal/plan sequence (expectation subcheck), whether it is conducive or obstructive to reaching the respective goals or satisfying the relevant needs (conduciveness check), and how urgently some kind of behavioral response is required (urgency subcheck). 4. Coping potential check. Evaluating the causation of a stimulus event (causation subcheck) and the coping potential available to the organism, particularly the degree of control over the event or its consequences (control subcheck), the relative power of the organism to change or avoid the outcome through fight or flight (power subcheck), and the potential for adjustment to the final outcome via internal restructuring (adjustment subcheck). 5. Norm/self compatibility check. Evaluating whether the event, particularly an action, conforms to social norms, cultural conventions,

Tabela 5
Nível de Processamento Afetivo por SECs

| | Sensorimotor Level | Schematic Level | Conceptual Level |
|---|---|---|---|
| Novelty | Sudden, intense stimulation | Familiarity: schemata matching | Expectations: cause/effect, probability estimates |
| Pleasantness | Innate preferences/ aversions | Learned preferences/ aversions | Recalled, antecipated, or derived positive-negative evaluations |
| Goal/need conduciveness | Basic needs | Acquired needs, motives | Conscious goals, plans |
| Coping potential | Available energy | Body schemata | Problem solving ability |
| Norm/self compatibility | (Empathic adaptation?) | Self/social schemata | Self ideal, moral evaluation |

Fonte: Retirado de Leventhal e Scherer (1987), p.17.

or expectations of significant others (external standards subcheck), and whether it is consistent with internalized norms or standards as part of the self-concept or ideal self (internal standards subcheck)." (p.147)

A Tabela 5 mostra como os três níveis de processamento se relacionam com os cinco tipos de checagem e que tipo de resposta aos estímulos cada uma dessas combinações oferece, ilustrando bem o modelo proposto por Leventhal e Scherer (1987). É possível notar que os estímulos repentinos, as preferências inatas ou mesmo as necessidades básicas são resolvidos no nível motor sensorial e nos SECs de ordem mais baixa (*novelty, pleasantness, goal/need conduciveness*), ao passo que as respostas mais complexas são geradas no nível conceitual e nos SECs de ordem mais elevada (*coping potential* e *norm/self compatibility*), como, por exemplo, a capacidade de resolução de problemas e as avaliações morais, que se relacionam ao que é aceito como norma, tanto pessoal como social. É possível afirmar que as principais percepções e comportamentos relacionados à justiça ocorrem nessa última combinação de nível de processamento e SECs que oferecem respostas mais complexas, embora não seja possível descartar que, em algumas ocasiões, o pensamento ou comportamento sejam influenciados em um maior grau pelos níveis e SECs mais inferiores.

Esse modelo mostra que, apesar de serem mecanismos que possuem certa independência, como proposto por LeDoux (1984), as emoções e cognições estão extremamente inter-relacionadas:

> With respect to our question on the organisation of emotion and cognition, we believe that it will be extremely rare to find emotional reactions totally separated from perceptual or cognitive reactions in the human animal. Indeed, it may be difficult if not impossible for a human being to experience a truly free-floating emotion except in those rare situations that elicit only sensory motor processes and "emotion like" reflexes. Such events are likely only in the neonate, as schematic and conceptual components are universally present in adult emotional processing. Hence, "emotion"

and "cognition", as labelled by our protagonists, are always intertwined in emotional behaviour and emotional experience. (LEVENTHAL E SCHERER, 1987, p.23)

Gray (1990) e Robinson et al. (2013) também concordam com a ideia de que os processos emotivos e cognitivos são, na maioria das vezes, inter-relacionados em redes neurais, mas destacam que, ainda assim, são mecanismos diferentes entre si e que podem ser dissociados em algumas ocasiões, como mostram alguns experimentos envolvendo decisões morais, escolhas intertemporais e decisões que envolvem deliberações sobre justiça[69]. O primeiro relata alguns experimentos com drogas (benzodiazepínicos e opiáceos) cujos efeitos sobre as pessoas ocorrem não apenas no lado emotivo, como o controle da ansiedade, mas também sobre processos cognitivos como a capacidade de memória, evidenciando que o efeito da droga ocorre por uma comunicação entre os dois sistemas. O segundo faz uma revisão das principais teorias que procuram entender essa relação entre os dois processos, descartando tanto a noção de que as emoções sempre antecedem a cognição, quanto de que é sempre necessário um processo cognitivo para interpretar

---

[69] McClure et al. (2007) revisou alguns experimentos relativos a esses tipos de decisões que utilizam imagens por ressonância magnética funcional e que detectaram atividades em regiões do cérebro que respondem separadamente a processos cognitivos e emocionais. Além disso, observou-se que o relativo grau de atividade nessas áreas está correlacionado com o resultado comportamental dos indivíduos, ou seja, eles apresentaram comportamentos que tentavam suprir as demandas emocionais nos casos em que as regiões emocionais do cérebro eram as mais ativadas. Adicionalmente, apresentaram comportamentos mais racionais ou priorizando ganhos de longo prazo nos casos de maior ativação das regiões cerebrais relacionadas aos processos cognitivos. Assim, apesar da forte inter-relação entre os mecanismos de cognição e emoção, é necessário reconhecer que são processos distintos e acionados em maior ou menor grau, dependendo da situação.

uma situação e reagir, corroborando com o modelo de níveis proposto por Leventhal e Scherer (1987).

Esse processamento afetivo em níveis, SECs e com uma inter-relação com os mecanismos cognitivos está explícito na região 2.afetivo do ECG. Nota-se que o processamento afetivo motor sensorial não tem uma relação direta com os mecanismos cognitivos, mas pode ser responsável por algumas emoções relacionadas a atos mais reflexivos, preferências inatas e situações que envolvem necessidades básicas (e.g. dividir um alimento em uma situação de fome extrema). Os processamentos afetivos esquemático e conceitual, por outro lado, são mecanismos que se comunicam com a parte cognitiva do indivíduo e geram emoções que dependem da categorização, protótipos e *schemas*. Desconsiderando as crianças com idade bem baixa ou situações extremas, é de se esperar que as percepções de justiça da maioria absoluta dos indivíduos seja construída com a influência das emoções geradas nos níveis esquemático e conceitual, pois, como afirma Leventhal e Scherer (1987), esses níveis passam a dominar o processamento afetivo com o desenvolvimento do indivíduo e de seu sistema cognitivo, sistema esse que ajuda a pessoa a assimilar e entender as instituições formais e informais presentes na sociedade.

## 4.2 Emoções

A partir da estrutura pela qual todo o processamento afetivo se encaixa no ECG, deve-se entender como as emoções são fatores de influência sobre o pensamento e o comportamento dos indivíduos no que se refere à percepção de justiça e de que maneira isso está inserido na literatura econômica.

Apesar da dificuldade já mencionada em conciliar as emoções com o indivíduo representativo da economia neoclássica, Hirshleifer (1993) tenta mesclar as duas coisas em dois modelos onde os indivíduos procuram maximizar sua utilidade ao decidir por uma divisão de renda, mas, ao mesmo tempo, estão sujeitos a emoções, seja por meio de afeições ou paixões[70]. No primeiro modelo, o autor supõe que o Rei Lear e sua filha devem decidir com quanto ficar da renda total de uma produção que fazem em conjunto, sendo que a filha escolhe primeiro sua parte e, em seguida, Lear tem a oportunidade de transferir um percentual de sua própria renda para a filha, pois sua função de utilidade também depende do bem-estar dela. Hirshleifer mostra que a benevolência, uma afeição autônoma, pode trazer uma cooperação mutuamente

---

[70] As definições de Hirshleifer (1993) para os conceitos de "emoção", "paixão" e "afeição" são bem particulares e estão relacionadas em maior ou menor grau com o que foi exposto até aqui. Para ele, emoção constituí todos os impulsos internalizados que podem levar uma pessoa a sobrepor seu interesse material próprio. Sobre afeições e paixões, o autor afirma que "*affections* are relatively stable patterns of concern for the well-being of particular others. These concerns may be benevolent (e.g., maternal love) or malevolent (e.g., xenophobia). Actions motivated by the affections, while running counter to strict self-interest, need not be inconsistent with rationality – only that the impacts of one's actions upon friends and enemies are factored into the cost-benefit calculation. Under the influence of what I call the *passions*, in contrast, the actor does not calculate but instead "loses control". Outrageous behavior, even on the part of your beloved child, may precipitate a furious reaction – possibly for the child's own good, possibly not. On the other hand, an action of chivalry, even on the part of an enemy, may trigger unthinking and even imprudently generous reciprocation. In sum, the affections are autonomous, the passions reactive; the affections are stable, the passions are situation-dependent; the affections are cool, the passions are hot." (Hirshleifer, 1993, p.186). Fazendo uma comparação com os níveis de processamento afetivo, pode-se pensar que as afeições estão relacionadas com os níveis esquemático e conceitual, onde há uma inter-relação com os mecanismos cognitivos, ao passo que as paixões são definidas no nível motor sensorial, por isso são reativas e "quentes", gerando comportamentos advindos de emoções mais reflexivas.

vantajosa, pois pode ocasionar um aumento de utilidade tanto para o primeiro a tomar uma ação (a filha) quanto para o segundo (Lear). Assim como a benevolência serve como uma garantia de uma promessa implícita para recompensar a cooperação, a malevolência tem a mesma finalidade, servindo como uma garantia de uma ameaça implícita para punir a não-cooperação.

O segundo modelo tenta mostrar que, assim como as afeições, as paixões, incorporadas no modelo como uma curva de resposta de raiva/gratidão, pode gerar um aumento no nível de cooperação dos agentes. Hirshleifer afirma que, se a escolha da filha de Lear for totalmente egoísta e muito longe do ponto ótimo da distribuição de renda e de produção conjunta, o Rei sentirá raiva e terá interesse em punir a filha, ainda que ele mesmo incorra em algum dano material. Por outro lado, a partir de certo ponto, Lear sentirá gratidão e recompensará a escolha da filha com uma transferência de renda, caso ela coopere com o pai e não faça uma escolha puramente egoísta. Portanto, tanto as afeições quanto as paixões podem alterar sensivelmente as escolhas distributivas nos modelos de Hirshleifer.

Outro exemplo de modelo no qual se tenta incorporar as emoções como um fator determinante para o comportamento e o pensamento dos indivíduos foi proposto por Ruffle (1999). O objetivo dele é tentar explicar como se dá a interação em que as pessoas trocam presentes ou dão gorjetas para atendentes. Sob um ponto de vista estritamente materialista, dar presentes sem saber o que a pessoa gostaria de ganhar ou dar gorjetas em lugares em que não se visita com frequência são comportamentos que tendem a gerar alguma ineficiência. A explicação disso é que, no primeiro caso, seria sempre preferível que a pessoa que vai dar o presente tivesse, de antemão, uma lista dos presentes que a outra pessoa gostaria de receber. No segundo caso, existe uma perda material direta ao dar a gorjeta em um lugar que não será frequentado nunca mais ou muito raramente, sem nenhuma contrapartida material benéfica, já que não haverá compensações em termos de melhor prestação de serviço no futuro. No entanto, o ato de dar presentes ou gorjetas são instituições bem enraizadas na maioria das sociedades e são exemplos de um tipo de justiça interacional, dado que se espera que as pessoas tenham esse tipo de comportamento umas com as outras. Não dar presentes em momentos festivos ou não dar gorjetas para um bom atendimento geralmente são comportamentos que ativam a percepção de injustiça nas pessoas presentes nessas ocasiões.

A explicação de Ruffle (1999) para que essas regras de comportamento e pensamento socialmente compartilhados se sustentem e se repitam ao longo do tempo se baseia no entendimento de que a hipótese de um indivíduo estritamente egoísta em termos materiais não é razoável. Ele assume que a função de utilidade dos indivíduos depende das crenças de primeira e segunda ordem sobre as ações dos outros indivíduos, levando em considerações questões de justiça (similar ao que foi proposto por Rabin (1993), embora não exatamente igual[71]) e mostrando que não apenas o ganho (ou

---

[71] Sobre a diferença entre Rabin (1993) e Ruffle (1999) na concepção de justiça e na implicação das funções de utilidade dos dois modelos, Ruffle afirma: "His determination of whether or not someone is treating you fairly depends on what you believe that person's motives to be. Motives, as Rabin illustrates, undoubtedly play an important part of fairness in many settings; yet they are never in question in this setting in which a player may choose an action costly to herself which benefits her opponent. Secondly, Rabin's choice of utility function implies that people are not willing to sacrifice their own material payoff except to reciprocate their opponents' actions. Material sacrifices are made only to help (hurt) someone who you believe is sacrificing to help (hurt) you. In my model, it is possible that your opponent takes the costly action while you take the costless one, or vice-versa. The desire to reciprocate may thus be offset by monetary or psychological considerations. Many gift-giving situations, particularly between parents and children, are characterized by unequal exchanges. These situations, typically

custo) material importam, mas também os sentimentos positivos (como a surpresa ao ganhar um presente inesperado ou o orgulho de dar um bom presente) e negativos (como a decepção em não ganhar um presente esperado ou a vergonha ao não dar um bom presente) que são gerados em uma interação social. Da mesma forma que ocorre nessa situação específica, para se avaliar o bem-estar de uma nova política social que será implementada ou avaliar o bem-estar gerado por uma instituição, não é possível apenas levar em consideração a diferença entre o custo e o benefício material que essa política ou instituição gera, mas também o bem-estar advindo dos ganhos psicológicos, sentimentais e das considerações sobre justiça, ainda que mensurar diretamente esses fatores, na prática, seja um grande desafio.

Os dois modelos propostos por Hirshleifer (1993) e o modelo elaborado por Ruffle (1999) são exemplos de que as emoções podem contribuir para a definição do pensamento e comportamento relativos à justiça, embora os modelos desses autores não abandonem a análise típica de maximização da utilidade e otimização presentes nos modelos neoclássicos, o que acaba limitando em alguma medida o conjunto de possibilidades de comportamento e os resultados distributivos ou de bem-estar que esses modelos conseguem explicar.

Assim como Hirshleifer (1993) e Ruffle (1999), Pillutla e Murnighan (1996) utilizam um conceitual teórico para entender como as emoções influenciam o comportamento das pessoas, mas utilizam experimentos com o Jogo do Ultimato para constatar a teoria e propor uma explicação para o elevado número de ofertas rejeitadas nesse tipo de jogo. Além disso, os autores procuram entender se o nível de informação também afeta de algum modo as emoções e as respostas dos jogadores. Baseado no modelo Straub-Murnighan, os autores afirmam

---

explained by altruism, are absent from Rabin's model" (RUFFLE, 1999, p.411).

que a sequência para a rejeição de uma oferta no Jogo do Ultimato é: perceber uma oferta como injusta; sentir o orgulho ferido, que é um sentimento que surge quando as ações de outra pessoa violam o senso de autoestima do indivíduo e o faz sentir como alguém que não recebeu a dignidade que merece[72]; sentir raiva em relação ao proponente, emoção gerada pelo resultado inesperado e negativo da oferta injusta; agir com desprezo, que é a reação comportamental que acompanha o sentimento de raiva e que tem, por finalidade, ferir de algum modo o proponente (Pillutla e Murnighan, 1996).

Essa sequência de rejeição de uma oferta do Jogo do Ultimato proposta por Pillutla e Murnighan, embora reconheça o papel das emoções no comportamento dos agentes, assume que a percepção de injustiça sempre precede o sentimento de raiva. É preciso tecer duas considerações sobre isso. Primeiro, como pode ser observado pelo ECG, o processamento afetivo e os SECs do nível motor sensorial permitem reações sentimentais que não passam por deliberações cognitivas e que podem preceder a própria percepção de justiça, ainda que se reconheça que isso aconteça mais corriqueiramente em crianças pequenas ou em situações extremas. Segundo, ainda que a percepção de injustiça inicial preceda cognitivamente os sentimentos negativos gerados pela oferta, não é possível descartar que essa percepção não seja ressaltada ou suavizada após o processamento afetivo, seja no nível esquemático ou conceitual, visto que o mecanismo cognitivo e o mecanismo afetivo são inter-relacionados nesses níveis.

Levando essas questões em consideração, o Jogo do Ultimato de Pillutla e Murnighan (1996) apresentou aos

---

[72] É interessante notar que Pillutla e Murnighan (1996) não separam a justiça distributiva da justiça interacional. Como mostrado pela sequência de rejeição de uma oferta do Jogo do Ultimato, os autores assumem que o sentimento de orgulho ferido e a sensação de que o indivíduo não recebeu um tratamento digno são consequências automáticas da percepção de uma distribuição injusta.

participantes[73] um conjunto de ofertas anônimas[74], onde as ofertas poderiam ser de $1 ou $2 sobre um montante a ser dividido de $20. Os respondentes recebiam opções externas de $0, $1 e $2, caso rejeitassem a oferta. Isso significa que os respondentes receberiam uma recompensa igual ou maior (por uma diferença de $1 ou $2) do que a recompensa do ofertante após uma rejeição da oferta, já que este receberia $0. O jogo poderia ser de informação completa ou informação parcial. No primeiro caso, os participantes sabiam o montante a ser dividido, ao passo que, no segundo caso, não tinham essa informação. Outra condição do jogo poderia ser a presença (ou não) de conhecimento comum, isso é, os respondentes saberem que os proponentes tinham conhecimento de suas opções externas antes de realizarem a oferta. Por fim, foram feitas duas ofertas de controle para cada respondente: uma em que o montante a ser dividido era igual a $2, a oferta igual a $1 e a opção externa igual a $1; a outra o montante a ser dividido era igual a $4, a oferta igual a $2 e a opção externa igual a $2. Essas condições de controle, nas quais as ofertas são pequenas e dividem igualitariamente o montante total, satisfazem, se não todos, a maioria dos critérios de justiça de acordo com os

---

[73] Foram selecionados 118 estudantes de graduação dos cursos de Introdução à Administração da Universidade de British Columbia. O experimento foi realizado como um exercício de sala de aula, onde cada participante deveria jogar o jogo 14 vezes e, posteriormente, através de um sorteio, receberia o pagamento relativo a um dos resultados sorteados dentre os 14 possíveis.

[74] Sobre as ofertas: "Although offers ostensibly came from anonymous others, each providing one, all offers were actually predetermined. Respondents received fourteen offers, of $1 and $2 when their outside options were $0, $1 and $2, with and without knowing how much was being divided, plus two control condition offers. Partial information offers preceded complete information offers which preceded control offers; offers were randomly ordered within each of the information conditions and between the two control condition offers. Respondents received either common knowledge or not common knowledge offers; they never received both." (Pillutla e Murnighan, 1996, p.214).

autores, e se espera que a grande maioria dessas ofertas sejam aceitas. Adicionalmente, as rejeições dessas ofertas de controle sugeririam que os respondentes estão usando alguma outra base de decisão que não suas percepções de justiça.

Após cada decisão no jogo, os participantes deveriam responder a duas questões: "Como você reagiu quando recebeu a oferta?" e "Como você se sente?". Dois avaliadores independentes classificaram essas respostas em relação à percepção de injustiça e à presença de raiva, utilizando uma escala crescente de intensidade de 6 e 7 pontos, respectivamente.

Os resultados do experimento mostraram que o nível de informação pode alterar consideravelmente as respostas dos jogadores e que, o que parece contra intuitivo à primeira vista, um aumento desse nível de informação leva a uma queda da eficiência social dos resultados, pois aumenta a percepção de injustiça e fere o orgulho dos respondentes, que passam a sentir mais raiva e aumentar o número de ofertas rejeitadas. No caso de informação parcial, um pouco mais do que 25% das ofertas foram rejeitadas, seja com a presença ou não de conhecimento comum. Com a adição de informação completa, a rejeição passou para 38%, aumentando novamente para 49% com a inclusão de conhecimento comum. Isso contrasta diretamente com as ofertas de controle, no qual a adição de conhecimento comum à informação completa reduziu o percentual de rejeição de 26% para 12%. As rejeições mais frequentes, além daquelas que eram economicamente desvantajosas para os respondentes, foram aquelas nas quais as ofertas se igualavam às opções externas, principalmente no caso em que havia informação completa e conhecimento comum, no qual o nível de rejeição foi de 72%. Mesmo para o caso em que a oferta era maior do que a opção externa e havia informação completa e conhecimento comum, o nível de rejeição foi, em média, igual a um terço das ofertas.

Observou-se um elevado grau de correlação entre injustiça e raiva, mas 35% daqueles que reportaram uma percepção de injustiça não reportaram raiva. Praticamente todos que reportaram um sentimento de raiva no caso com informação completa e conhecimento comum também reportaram uma percepção de injustiça, o que permite separar os participantes em dois grupos: os que apenas perceberam uma injustiça e aqueles que perceberam injustiça e sentiram raiva. Poucos respondentes sentiram raiva ou injustiça quando não tinham informação sobre o montante total a ser dividido e quando sabiam que os ofertantes não tinham conhecimento sobre suas opções externas. Embora raiva e injustiça estejam presentes em uma proporção maior nos casos de ofertas rejeitadas do que aceitas, 23% das ofertas aceitas também foram acompanhadas de uma percepção de injustiça e/ou sentimento de raiva, mostrando que, apesar da elevada importância, as emoções não são o único fator explicativo para as considerações de justiça e nem essas são, sozinhas, o que sempre definirá a aceitação ou rejeição de uma oferta em um Jogo do Ultimato[75].

Outro autor que levanta a hipótese de que os sentimentos podem ser fundamentais para explicar o comportamento em um Jogo do Ultimato é Hausman (2008). Especificamente, Hausman aponta que os respondentes rejeitam ofertas muito desiguais por sentirem rancor e raiva, e que essas reações dependem das visões morais em relação à justiça e ao respeito. Embora não utilize especificamente o termo injustiça interacional, Hausman parece apontar que é justamente a percepção desse tipo de injustiça e o surgimento de sentimentos negativos que são os fatores responsáveis pelo comportamento dos respondentes no Jogo do Ultimato. No

---

[75] Pode-se pensar que o tamanho da oferta, a necessidade ou preferência material dos indivíduos ou mesmo as condições e possíveis erros do experimento sejam alguns fatores que competem com a percepção de injustiça e levem a uma aceitação/rejeição da oferta.

entanto, Hausman faz uma crítica específica à teoria proposta por Bicchieri (2006), pois diz que uma divisão igualitária nesse tipo de jogo é justa, sendo ou não uma norma social no sentido proposto pela autora. Ele afirma que pequenos desvios desse tipo de distribuição são toleráveis, pois as pessoas não esperam uma perfeição moral dos outros indivíduos, além do que uma rejeição também tem um custo material direto para o respondente. Assim, Hausman afirma que a taxa de rejeição no Jogo do Ultimato é explicada, em última instância, pela percepção de uma falta de respeito e geração de sentimentos negativos, ao invés de uma sensibilidade em relação ao não cumprimento de uma norma social.

Parte da crítica que Hausman (2008) faz à Bicchieri (2006) é realmente pertinente e deve ser levada em consideração, pois Bicchieri não incorpora diretamente o papel dos sentimentos em seu modelo teórico. Uma parcela importante da contribuição do ECG é justamente ressaltar a importância do processamento afetivo e a influência das emoções na formação das percepções de justiça. Por outro lado, Hausman não reconhece que a prevalência da divisão igualitária em inúmeras situações é o reflexo de uma norma social de justiça. Isso resulta na negação da possibilidade de se jogar o Jogo do Ultimato com uma referência distributiva que não seja a igualitária, pois esse seria o tipo de divisão considerado "respeitoso" por Hausman, independentemente da sociedade. Esse tipo de análise pode ser questionado à luz do processo de evolução institucional contemplado no ECG. Não é possível esperar que, em todas as culturas, as referências distributivas (ou mesmo as interacionais e processuais) sejam as mesmas, de modo que essas referências, em realidade, devem ser entendidas como *regras socialmente compartilhadas*, ou seja, são instituições que foram sendo construídas, alteradas e adotadas ao longo da história de uma determinada sociedade, como foi discutido no Capítulo 2.

Após a discussão sobre a influência das emoções na formação das percepções de justiça, um ponto interessante é entender qual a contribuição relativa dos processos emocionais e cognitivos sobre as decisões que envolvem justiça. Tendo em vista esse objetivo, Sanfrey et al. (2003) utilizam um processo de imagem por ressonância magnética funcional (fMRI) nos participantes de um experimento com o Jogo do Ultimato. A hipótese dos autores é de que as ofertas injustas (consideradas aquelas que são diferentes de uma divisão igualitária do montante total) acionam estruturas neurais envolvidas tanto no processamento cognitivo quanto emocional, mas que a magnitude de ativação de cada uma dessas estruturas permite explicar a variância na decisão subsequente de aceitar ou rejeitar essas ofertas.

O experimento contou com 19 participantes que fariam o papel de respondentes no Jogo do Ultimato e que foram escaneados através do fMRI. Antes de iniciarem o jogo, no entanto, foram apresentados a 10 pessoas (que funcionavam como "atores"), que seriam seus companheiros de jogo no papel de ofertante. Foi dito que cada uma dessas pessoas jogaria apenas uma vez com cada participante, e que o resultado de cada interação não seria informado para os outros ofertantes, de forma que uma oferta não influenciasse as demais. Através de uma interface de computador, os participantes jogaram 30 rodadas, sendo 10 com cada uma das 10 pessoas apresentadas a eles antes do início do experimento, 10 com o computador e 10 rodadas adicionais de controle. As rodadas eram definidas aleatoriamente, sendo que o montante a ser dividido em cada rodada era igual a $10. Tanto as 10 ofertas realizadas pelos atores, quanto as 10 ofertas feitas pelo computador foram predeterminadas pelos pesquisadores e obedeciam à seguinte distribuição: cinco ofertas igualitárias ($5 para o ofertante e $5 para o respondente); duas ofertas de $9 para o ofertante e $1 para o respondente; duas ofertas de $8 para o ofertante e $2 para o respondente; uma oferta de $7 para o ofertante e $3 para o respondente. A distribuição das ofertas de controle também tentou simular uma variedade e proporção de ofertas que se assemelha ao que geralmente se observa nos Jogos de Ultimato.

A primeira constatação que se depreende desse experimento é de que os resultados comportamentais são muito similares aos encontrados nos outros estudos com o Jogo do Ultimato, isso é, os participantes aceitaram todas as ofertas igualitárias, mas observou-se um nível crescente de rejeição de ofertas conforme elas ficavam mais desiguais. Constatou-se, também, que as ofertas nas quais os atores ofereciam apenas \$2 ou \$1 para o respondente tiveram uma taxa de rejeição significativamente maior do que quando essas mesmas ofertas foram feitas pelo computador ou nas rodadas de controle, sugerindo uma resposta emocional negativa dos participantes em relação a esses ofertantes.

Em relação às imagens por ressonância, comparando-se as ofertas mais injustas feitas pelos atores com as ofertas injustas do computador e das rodadas de controle, observou-se um nível de atividade cerebral maior na ínsula bilateral anterior, córtex pré-frontal dorsolateral (CPFDL) e córtex cingulado anterior (CCA). A primeira delas é uma região relacionada às emoções negativas, como a raiva. A segunda está geralmente relacionada aos processos cognitivos como a manutenção de metas, controle de execução, planejamento e raciocínio abstrato. A terceira, por fim, tem conexões tanto com o sistema emocional quanto cognitivo, sendo responsável justamente pelo conflito entre esses dois sistemas, tendo a função, por exemplo, de controlar e administrar emoções negativas (Sanfrey et al., 2003; Stevens et al., 2011). Embora as três regiões tenham apresentado um nível de atividade relevante, a região da ínsula bilateral anterior, em comparação com o CPFDL, mostrou um maior nível de ativação nas ofertas que foram rejeitadas, ao passo que, para as ofertas que foram aceitas, o nível de ativação do CPFDL foi maior. Por fim, as ofertas mais injustas também foram associadas com um aumento da atividade no CCA, refletindo justamente um conflito entre cognição e a tentativa de controle das emoções negativas, que surgem após a frustração de uma expectativa pela conformidade com uma norma de justiça[76].

Outro estudo que procura entender a influência das emoções sobre a percepção de justiça e o comportamento dos agentes é o experimento com o *Power-to-take Game* de Bosman e van Winden (2002). Antes de receberem as instruções sobre o jogo, pediu-se aos participantes[77] que eles ganhassem uma renda $Y_i$ ao realizarem uma tarefa individual no computador que requeria algum esforço. O nível da renda inicial seria proporcional aos resultados obtidos nessa tarefa. Após obterem sua renda, mas antes de iniciarem o jogo, os indivíduos eram divididos aleatoriamente em 2 grupos: o grupo A, que representavam os proponentes (ou *take authorities*, cujas rendas são denominadas $Y_{take}$), e o grupo B, que representavam os respondentes (cujas rendas são denominadas $Y_{resp}$). O jogo consistia, então, de um indivíduo do grupo A jogando dois estágios com um indivíduo do grupo B, que eram pareados aleatoriamente e de forma anônima. No primeiro estágio, o indivíduo A deveria escolher uma taxa $t \in [1,0]$, que seria a parcela do $Y_{resp}$ que sobraria após o fim do segundo estágio e seria transferida para A. O segundo estágio, por sua vez, consistia em uma decisão tomada pelo indivíduo B:

---

[76] Os autores do experimento perguntaram aos participantes o que eles consideravam uma oferta justa, independentemente das decisões que eles tiveram de aceitar ou rejeitar as ofertas. 58% dos participantes consideraram qualquer oferta menor do que a distribuição igualitária ($5 para o ofertante e $5 para o respondente) injusta, ao passo que os outros 42% consideraram uma distribuição injusta qualquer oferta menor do que $7 para o ofertante e $3 para o respondente.

[77] Foram selecionados 78 estudantes da Universidade de Amsterdam, quase todos estudantes de graduação, sendo 55% deles estudantes de economia. Os participantes receberam um pagamento fixo de aproximadamente US$7,50 pela participação, além dos seus ganhos no experimento, cuja média foi um pouco menor do que US$15,00.

escolher uma taxa $d \in [0,1]$ que representava a parcela de $Y_{resp}$ que ele desejava destruir. Em resumo, a *take authority* deveria decidir um percentual da renda do respondente que desejava tomar para si, mas o respondente, por sua vez, poderia punir essa decisão ao destruir um percentual de sua própria renda.

Para mensurar as emoções dos respondentes, foi dado aos participantes uma lista com o nome de onze emoções e foi pedido a eles que reportassem a intensidade de cada emoção em uma escala de sete pontos, no qual o menor significava "nenhuma emoção" e o maior "alta intensidade da emoção". As emoções presentes na lista eram: irritação, raiva, desprezo, inveja, ciúme, tristeza, alegria, felicidade, vergonha, medo e surpresa.

Um primeiro resultado encontrado foi de que o comportamento dos respondentes é descontínuo, ou seja, embora a taxa de destruição $d$ seja uma variável contínua, das oito situações em que se observou alguma destruição, sete respondentes destruíram 100% da sua renda e apenas um deles escolheu uma taxa diferente, de 30%. O segundo resultado é de que a intensidade das emoções negativas (positivas) experimentadas pelo respondente está positivamente (negativamente) relacionada à taxa $t$ e de que a probabilidade de o respondente destruir uma parcela de sua renda está diretamente relacionada à intensidade com que sente emoções negativas, particularmente irritação e desprezo. Consequentemente, existe uma correlação positiva entre a probabilidade de destruição da renda e o tamanho da taxa $t$. Esses resultados sinalizam que sentimentos como desprezo e irritação podem influenciar a percepção de justiça que os agentes têm sobre uma certa situação e mostram que o comportamento dos indivíduos é influenciado por tais sentimentos, mesmo que represente um custo de eficiência, o que os autores denominam de *risco emocional.*

Um outro resultado encontrado pelos autores foi de que a expectativa que os respondentes tinham sobre o tamanho da taxa *t* teve um efeito significativo sobre a probabilidade de destruírem a renda. No caso, os respondentes que não destruíram suas rendas eram tipicamente pessimistas, ou seja, possuíam uma taxa *t* esperada maior do que a de fato aplicada pelas *take authorities*, ao passo que os respondentes otimistas tipicamente destruíram sua renda (van Winden, 2007). Apesar desse resultado, a variação da expectativa sobre *t* não teve um efeito sobre a intensidade das emoções experimentadas pelos respondentes. Sobre isso, Bosman e van Winden (2002) levantam a hipótese de que as expectativas estejam mais diretamente relacionadas à violação de normas sociais que influenciam o comportamento através de um processo mais cognitivo do que emocional:

> Why do expectations influence behaviour but not emotions? We offer the following explanation. Expectations can influence a decision in two ways. First, expectations may influence the intensity of emotion because of a 'surprise' effect (Ortony et al., 1988, p. 60). In our case, this effect does not seem to play an (important) role next to the effect of the actual take rate, since we have not found any significant relation between expectations and experienced emotion. Second, expectations can be related to norms (standards) that influence behaviour in a more cognitive way (cf. Pruitt, 1968). If the take authority violates the responder's norms, then the responder will judge this behaviour as inappropriate. The responder may therefore believe (s)he should punish the take authority. (BOSMAN E VAN WINDEN, 2002, p.157-158)

De fato, o ECG mostra que, embora haja uma relação entre emoções e expectativas, as normas de justiça influenciam as expectativas de modo direto por meio do sistema cognitivo (região 2.cognitivo no ECG)[78]. Bosman e van Winden (2002) afirmam que um ponto interessante para ser estudado por pesquisas futuras é entender se as expectativas podem ser influenciadas estrategicamente para manipular as reações emocionais, por exemplo, mostrando previamente aos respondentes um conjunto de taxas $t$ selecionadas pelas *take authorities*, possibilitando que os respondentes tenham a noção de uma $t$ média esperada. Caso a expectativa do respondente seja frustrada com o recebimento de uma taxa $t$ mais elevada que a média, é de se esperar que a inter-relação entre expectativa e emoção seja mais intensa, o que poderia até mesmo diminuir o poder de influência relativo do sistema cognitivo sobre as percepções dos indivíduos.

Baseados nos resultados do experimento de Bosman e van Winden (2002), Bosman et al. (2005) fazem uma análise sobre as *fair take rates* do jogo, ou seja, as taxas $t$ que os participantes consideravam justas e que foram relatadas por eles durante o experimento. Para praticamente todos os respondentes essa taxa considerada justa representava um limite inferior para a taxa $t$ esperada. Adicionalmente, observou-se que há uma grande dispersão no que é percebido como a taxa justa entre os respondentes. Contudo, essa taxa justa não teve um impacto independente significativo sobre a experiência de sentir raiva e nem sobre a taxa $d$. Assim como para os respondentes, a *fair take rate* reportada pelos proponentes também representa um limite inferior, só que, nesse caso, em relação à verdadeira taxa $t$. Diferentemente dos respondentes, essa taxa justa parece ter um papel importante para a tomada de decisão dos proponentes, desde que se considerada em combinação com a experiência do sentimento de vergonha. No experimento de Reuben e van Winden (2006),

---

[78] Mais adiante, serão exploradas algumas relações entre emoções e crenças. Especificamente, será abordada a influência que as emoções têm sobre a percepção de risco.

os participantes[79] tinham que jogar o *Power-to-take Game* duas vezes (no segundo período, um novo par de respondentes era selecionado aleatoriamente), sendo que os proponentes que diminuíam a taxa $t$ no segundo período eram justamente aqueles que experimentavam um elevado sentimento de vergonha ao final do primeiro jogo[80]. Essa experiência de vergonha era particularmente forte quando a taxa $t$ escolhida excedia a *fair take rate* e ocorria alguma destruição por parte do respondente, já que essa destruição claramente é uma forma de sinalizar o descontentamento do respondente. Foi encontrado um resultado similar para as *take authorities* que reportaram o sentimento de culpa, mas com efeitos mais fracos.

Em termos de intensidade das emoções, talvez uma diferença importante entre o *Power-to-take Game* e o Jogo do Ditador, também muito utilizado em experimentos de justiça, seja o nível de anonimato em cada um desses jogos. Isso porque no Jogo do Ditador os respondentes não podem tomar nenhuma ação para sinalizar seu descontentamento, o que faz com que os proponentes estejam menos expostos a sentir uma alta intensidade de vergonha ou culpa, permitindo um comportamento mais egoísta (Reuben e van Winden, 2006).

---

[79] Foram selecionados 92 estudantes da Universidade de Amsterdam, quase todos estudantes de graduação, sendo 41% estudantes de economia. Os participantes receberam um pagamento fixo de participação de aproximadamente US$2,90 e uma dotação de cerca de US$11,60 em cada um dos dois períodos do experimento. Na média, foi pago aos participantes US$24,90.

[80] A metodologia para mensurar as emoções foi idêntica àquela presente em Bosman e van Winden (2002), ou seja, os participantes relataram as emoções experimentadas em uma escala de intensidade de 7 pontos, com a diferença de que a lista de emoções presentes em Reuben e van Winden (2006) era um pouco diferente. Os participantes podiam relatar que experimentaram as seguintes emoções: orgulho, inveja, raiva, culpa, alegria, vergonha, irritação, gratidão, surpresa, desprezo, decepção, admiração, arrependimento e tristeza.

Um dos resultados mais interessantes de Reuben e van Winden (2006) é de que as pessoas apresentaram uma heterogeneidade substancial em suas percepções de justiça (observada por meio da variação da *fair take rate*) e que essa percepção é instável, pois depende bastante do papel que os indivíduos experimentam durante o jogo. Constatou-se que as *fair take rates* relatadas pelos participantes que mudaram de posição no segundo jogo (de proponente para respondente, ou vice-versa) foram, na média, maiores em comparação com as taxas reportadas pelos participantes que permaneceram em seu papel durante as rodadas, sendo que a moda das taxas para o primeiro grupo foi de 50%, ao passo que para o segundo foi de 0%. Esse resultado poderia ser explicado tanto pela experiência de sentir diferentes emoções como também pela noção de que essa mobilidade induz os participantes a serem mais tolerantes, já que deixa mais saliente a noção de que qualquer um pode estar na posição menos ou mais vantajosa em algum momento. Ainda assim, o resultado é curioso porque põe em dúvida a força explicativa das normas de justiça em algumas situações, principalmente em experimentos de laboratório, nos quais, talvez, não esteja sempre claro para os participantes se existe e qual é a norma de justiça que deve ser aplicada em determinado caso, sendo que os indivíduos devem aprender essa norma ao longo de um curto espaço de tempo:

> Although fairness norms appear to have an effect on proposer behavior, we also observe that the perception of what is fair varies substantially among proposers. Considering that the concept of fairness is vague in many situations, it is not surprising that not all proposers agree on what is fair in the power-to-take game. This means that, even if proposers want to be fair when playing the game, they first have to figure out what fairness means in that specific context. Clearly, this opens the door to self-serving biases. However, we find that the disagreement among proposers on what is fair is far greater than the disagreement between proposers and responders. This

raises the question whether we are indeed observing the effect of a social norm, which is necessarily linked to what other people think, or rather a personal value. Further research is needed to differentiate between the two possibilities. However, we do feel that the prominence of an emotion like shame points in the direction of there being a social norm that is simply perceived differently by different people. In this case, in order to act optimally, individuals must not only learn how others behave but also the appropriate interpretation of fairness. As individuals interact, they can adjust their beliefs of what is fair. What turns out to be fair in the long run could then vary considerably depending on the experiences of those involved in the process. Suggestive in this respect is the observed shift in fair take rate beliefs between role-keepers and role-switchers. (REUBEN E VAN WINDEN, 2006b, p.20-21)

Enquanto a maioria dos experimentos com jogos procuram verificar as reações dos indivíduos quanto à presença ou não de uma justiça distributiva, também é possível pensar que a justiça procedimental ou a justiça interacional incitem, de modo independente ou correlacionado com os resultados distributivos, reações emocionais e influenciem na percepção e no comportamento dos indivíduos. Weiss et al. (1999) realizaram um experimento para tentar verificar a correlação entre quatro tipos de emoções (felicidade, raiva, culpa e orgulho), os resultados distributivos do experimento (se foram favoráveis ou não ao indivíduo) e o tipo de processo (sem viés, com um viés que beneficiava o indivíduo, ou com um viés que beneficiava o oponente). Esse tipo de estudo permite observar, ou, pelo menos, dá indícios sobre a importância relativa da justiça procedimental no processamento afetivo, ainda que seja sobre um conjunto discreto específico de emoções.

Cada participante[81] do experimento deveria trabalhar em dupla com um companheiro (um "ator", auxiliar dos pesquisadores) em uma disputa contra uma outra dupla (dois outros "atores"). Antes de começarem a disputa, poderiam ocorrer três situações: primeiro, o parceiro do participante comentava com ele que um amigo já havia realizado o teste e que, por isso, ele já sabia algumas respostas da tarefa que teriam que realizar (procedimento com viés positivo); segundo, a dupla adversária realizava o mesmo tipo de comentário, permitindo que o participante ouvisse claramente que seus oponentes teriam uma vantagem (procedimento com viés negativo); terceiro, nenhuma informação sobre o conhecimento prévio das respostas era mencionado por nenhum dos atores (procedimento justo). A partir disso, as duplas entravam em uma sala e tinham 7 minutos para realizar uma tarefa que pedia para eles imaginarem que tinham acabado de sofrer um acidente de avião e estavam em um deserto. Eles eram apresentados a uma lista de 15 objetos que tinham permanecidos intactos após o acidente e deveriam ranquear esses objetos, de modo a elencar os objetos que a dupla considerava mais essenciais para sobreviver no deserto. Era informado às duas duplas que cada item tinha um valor de importância já pré-determinado por especialistas em sobrevivência. Após o término dos 7 minutos, as duplas entregavam seu ranqueamento e os pesquisadores informavam se o participante e seu companheiro haviam vencido o desafio (resultado favorável) por ranquear melhor os objetos, ou perdido o desafio (resultado desfavorável). Em seguida, o participante, juntamente com os três atores, deveria preencher um questionário que apresentava um conjunto de emoções (não apenas as quatro emoções em que o experimento pretendia estudar), respondendo, em uma escala de sete

---

[81] Participaram 122 estudantes de graduação que prestavam o curso de introdução à psicologia, sendo que eles deveriam participar desse experimento para ganhar crédito parcial do curso. 55% dos participantes eram homens.

pontos, o nível que tinha sentido de cada emoção. Finalmente, a dupla vencedora recebia seu prêmio.

O experimento de Weiss et al. (1999) mostrou que os resultados e o tipo de procedimento afetam cada emoção de um modo específico, sendo que é possível que sejam incitadas mais de uma emoção em uma mesma situação. A intensidade de felicidade sentida pelos participantes foi determinada apenas pelo resultado (positivo) da tarefa, com nenhuma influência do tipo de processo. A raiva, por sua vez, teve um maior nível médio de intensidade reportado nos casos em que o resultado havia sido negativo e o procedimento com viés negativo. A intensidade de culpa obteve maior média para os casos de resultado positivo e procedimento com viés positivo. Finalmente, observou-se que o orgulho, assim como a felicidade, apresentou maior média de intensidade para os casos de resultado positivo, sendo que o tipo de processo não apresentou uma influência significativa sobre esse sentimento. A conclusão que se chega é que a justiça procedimental interage com os resultados materiais e influencia o processamento afetivo do indivíduo (ao menos quando resulta em determinadas emoções) posteriormente influenciando a percepção geral de justiça e o comportamento. Uma questão interessante levantada pelos autores do estudo é se a justiça procedimental pode determinar certas emoções independentemente dos resultados distributivos. Eles argumentam que talvez isso seja possível, pois a justiça procedimental provê informações sobre como as demais pessoas valoram o indivíduo e o respeita, o que acaba sendo um tipo de resultado mais socioemocional para o indivíduo do que os resultados mais materiais distributivos[82].

---

[82] Parece que os autores não fazem uma distinção clara entre justiça procedimental e interacional, sendo que é essa última que se relaciona mais com o tratamento entre as pessoas. Mesmo assim, o comentário continua válido ao questionar se os resultados materiais são sempre necessários para que se incite as emoções.

Hegtvedt e Killian (1999) também utilizaram um experimento de laboratório para testar algumas hipóteses que mostram as relações entre justiça distributiva, justiça procedimental e reações emocionais, em um contexto de barganha. Os participantes[83] eram informados que iriam participar de um grupo de três pessoas (ele e mais duas), no qual cada um, de forma independente e isolada, deveria realizar uma tarefa em seus respectivos computadores. A performance combinada dos três iria determinar os resultados do grupo. No entanto, os participantes eram levados a crer que um dos três participantes iria realizar a tarefa em outro momento (ou já tinha realizado), enquanto os outros dois realizariam a tarefa ao mesmo tempo. Assim, era realizado um falso sorteio para determinar se o participante seria esse sujeito que realiza o experimento isoladamente ou se seria um dos que realizam o experimento no mesmo momento do tempo que mais um dos companheiros de grupo. O sorteio é falso, pois sempre era determinado que o participante realizaria a tarefa ao mesmo tempo que outro companheiro do grupo, sendo que o terceiro integrante, que na realidade não existia, representava apenas uma performance média já pré-determinada pelos pesquisadores. A tarefa, então, consistia na resolução de 45 anagramas de 5 letras em um tempo de 15 minutos. Era dito aos participantes que a pontuação final era determinada pela precisão das respostas, velocidade de resolução e nível de dificuldade dos anagramas. Após completarem a tarefa, os indivíduos recebiam a informação sobre sua pontuação e a pontuação dos seus dois parceiros (um deles sendo o resultado

---

[83] Participaram 226 estudantes (113 duplas) de graduação recrutados de cursos introdutórios de psicologia e sociologia. No entanto, algumas duplas foram excluídas da análise por diversos motivos (e.g. dados incompletos dos participantes, constatação de amizade entre os participantes), resultando em um total de 160 estudantes (80 duplas), sendo 40 duplas formadas por homens e 40 por mulheres. Foi realizado um pagamento de US$6,50 para cada participante ao final do experimento.

já pré-determinado pelos pesquisadores). Essas pontuações eram somadas, resultando em um nível de recompensa do grupo. A partir disso, os indivíduos recebiam uma informação sobre como outras pessoas que participaram do mesmo experimento, supostamente realizado no passado, achavam justo distribuir a recompensa do grupo. Essa informação servia para tentar sugerir a presença de uma norma distributiva equitativa ou igualitária[84]. Depois de receber essa informação, o participante deveria propor uma forma de dividir a recompensa ao companheiro de grupo que estava realizando a tarefa no mesmo momento que ele. O companheiro também realizava uma proposta e, caso fossem diferentes, teria início um período de negociação (negociação feita através da escolha de algumas mensagens já pré-definidas e disponibilizadas na tela do computador) para que os participantes do grupo chegassem a um acordo distributivo. Após realizado o acordo, os participantes respondiam um questionário que permitia aos pesquisadores obterem informações sobre a percepção de justiça do resultado e do processo de negociação, as motivações dos participantes, atribuições sobre a performance na tarefa e suas reações emocionais.

---

[84] Quanto ao nível de recompensa, os indivíduos eram informados de que seu grupo faria parte do nível baixo de recompensa (US$12,00) ou do nível alto (US$24,00). Em relação à performance individual, cada participante era informado que tinha feito uma baixa performance (267 pontos na situação de baixa recompensa do grupo ou 536 pontos na situação de alta recompensa) ou uma alta performance (532 pontos na situação de baixa recompensa ou 1.065 pontos na situação de alta recompensa). O terceiro "indivíduo" do grupo já era pré-determinado com uma performance média (401 pontos na situação de baixa recompensa ou 799 na situação de alta recompensa). Cada dupla consistia de um indivíduo com baixa performance e um com alta performance, sendo que cada um recebia uma informação de uma norma distributiva diferente. Foi possível manipular a performance de cada participante, pois metade dos indivíduos recebiam anagramas consideravelmente mais complexos do que a outra metade (Hegtvedt e Killian, 1999).

Através da análise da regressão pelo método dos Mínimos Quadrados Ordinários, os resultados mostraram que, em geral, tanto o processo de negociação quanto os resultados distributivos do experimento foram considerados bastante justos. Em relação às percepções de justiça, notou-se que os indivíduos que percebem a negociação como justa têm maior probabilidade de perceber sua alocação final e a do companheiro como justas também. Adicionalmente, foi possível confirmar a hipótese de que quanto mais conflitiva era a preferência distributiva inicial dos indivíduos que começavam uma negociação, maior era a percepção de injustiça procedimental, o que mostra que as preferências não influenciam apenas a percepção de justiça distributiva. Observou-se que os indivíduos com uma performance alta achavam sua alocação final menos justa em comparação ao que os indivíduos de baixa performance pensavam sobre suas próprias alocações. Os autores esperavam confirmar a hipótese de que, quanto menor fosse o nível de recompensa, maior seria a preocupação de um participante com os outros e maior seria a influência de uma norma igualitária, em detrimento de uma distribuição mais equitativa. Isso porque, para um baixo montante total a ser distribuído, é de se esperar que os indivíduos priorizem que todos ganhem um certo limite inferior de renda, ao invés de uma distribuição mais baseada no nível de performance individual. No entanto, não foi possível confirmar essa hipótese. Os autores fornecem algumas possíveis explicações para isso:

> We had expected that relative scarcity of group rewards would enhance concern for the welfare of others and thus mitigate what might be expected levels of deserving based on subjects' performance level and own outcome level. Failure to obtain this effect may stem from the judgment of both the process of negotiation and its outcome as quite fair. (...) Also, the lack of face-to-face contact may have diminished the development of responsibility toward other group members, which would stimulate

motivation for other-advantage. Allocation results in Hegtvedt (1987) had led us to believe that, even in impersonal three-person groups, reward scarcity alone might stimulate concern for others. Ironically, it may be that the bargaining situation itself distributed responsibility for outcomes across multiple actors, thus attenuating emphasis on others' welfare under conditions of reward scarcity. (HEGTVEDT E KILLIAN, 1999, p.292-293)

Essa constatação do experimento permite levantar o questionamento se esse tipo de percepção de justiça distributiva e procedimental também se reflete em um nível mais macroeconômico. Especificamente, é possível pensar que o apoio social a programas de renda mínima e de distribuição de renda depende de como a sociedade enxerga os processos sociais e o funcionamento do sistema econômico. Assim como Alesina et al. (2004) mostraram em seu estudo a importância das crenças das pessoas em relação ao nível de mobilidade social como fator determinante do quanto a desigualdade influencia no grau de felicidade ou bem-estar, as expectativas e crenças sobre esses processos econômicos e sociais também devem ser fundamentais para determinar o grau de preocupação de uma determinada sociedade em garantir uma renda mínima para a população mais pobre. Caso essa população acredite, na média, que a pobreza seja o reflexo de problemas estruturais do sistema econômico capitalista ou da formação histórica de sua sociedade, é de se esperar que haja um apoio elevado a políticas públicas de garantia de renda mínima ou distribuição de renda, refletindo a ativação de normas de justiça mais igualitárias. Por outro lado, caso a maioria da população acredite que a pobreza é uma condição determinada fundamentalmente pela incapacidade dos próprios indivíduos em conseguir uma melhor condição econômica, espera-se que o apoio a esses tipos de políticas públicas seja menor e que normas de justiça mais equitativas sejam ativadas.

No que se refere às reações emocionais, o experimento de Hegtvedt e Kilian (1999) mostrou que, se os indivíduos percebem o processo de barganha como justo, a probabilidade de se sentirem depressivos, agitados, ressentidos ou com raiva é menor, ao mesmo tempo em que é mais provável que esses mesmos indivíduos se sintam satisfeitos com a negociação. Em relação ao sentimento de prazer, a alocação final do indivíduo tem uma correlação positiva com esse sentimento, o que mostra que não é possível desconsiderar a importância dos benefícios materiais para o indivíduo. Contudo, assim como foi constatado por Weiss et al. (1999), as pessoas podem sentir mais de uma emoção ao mesmo tempo e, para esse caso, no qual o ganho material gera algum prazer, também traz à tona o sentimento de culpa. O nível de sentimento de culpa, no entanto, cai a medida em que aumenta a percepção do indivíduo de que a alocação recebida pelos outros é justa.

Além das diversas pesquisas que utilizam os experimentos de laboratório para tentar identificar as relações entre as emoções e as percepções de justiça, é possível utilizar outras metodologias para alcançar o mesmo objetivo. Barclay et al. (2005) utilizaram um questionário que foi enviado para 730 clientes de uma firma na Califórnia, cuja função é ajudar essas pessoas em seus processos de demissão das empresas em que estavam trabalhando[85]. Esses questionários tinham o intuito de saber a percepção dos ex-funcionários em relação ao que sentiram quando souberam da demissão, o quanto os resultados materiais da demissão os favoreceram (justiça

---

[85] Os questionários foram devolvidos diretamente para os pesquisadores (com a garantia de anonimato), sendo que apenas 173 pessoas devolveram o questionário respondido. A média de idade dos participantes foi de 46 anos, sendo 64% homens, 87% brancos, e com uma média de 3,22 anos empregados na companhia antes da demissão. Os respondentes trabalharam em uma diversidade alta de indústrias (e.g. tecnologia, finanças, comunicação, energia) e foram demitidos por motivos de estratégia da companhia, como reestruturação ou corte de custos, mas não por justa causa (Barclay et al., 2005).

distributiva), a percepção da justiça procedimental em relação ao processo de demissão, a percepção da justiça interacional no modo como a companhia os tratou durante o processo de demissão, o nível de atribuição de culpa que os ex-funcionários associam à empresa pela sua demissão e as atitudes de retaliação contra a empresa que eles tomaram após saber do seu processo de desligamento da empresa[86]. As respostas para cada pergunta eram dadas em uma escala de 1 (discordo fortemente) a 5 (concordo fortemente). Apenas o questionamento sobre a retaliação foi respondido por extenso, através de um texto de até meia página, que depois foi codificado para uma escala de 1 (nenhuma retaliação) até 5 (grande retaliação decretada) por dois avaliadores independentes. A partir das respostas obtidas nesses questionários, o objetivo dos autores era tentar provar quatro hipóteses:

1) Hipótese 1: A relação entre o nível de favorecimento dos resultados da demissão e as *inward-focused negative emotions*[87] (emoções negativas voltadas para si) é mais acentuada quando a justiça procedimental ou a justiça interacional são maiores do que quando são baixas;

---

[86] Consultar Barclay et al. (2005) para ver os detalhes de cada uma das perguntas do questionário.

[87] "Inward-focused negative emotions are defined as self-conscious emotions that occur when individuals evaluate themselves negatively and/or when they feel that others are passing negative judgment on them (Fischer & Tangney, 1995; Lazarus, 1991; Ortony, Clore, & Collins, 1988). Inward-focused emotions can arise when individuals' behavior or some aspect of their self is at odds with personally held morals or ideals, when individuals feel that someone (i.e., self and/or other) is making negative judgments about their personal characteristics or behaviors, or when there is a loss or threat of loss to their social or personal identity (Lazarus & Cohen-Charash, 2001; Tangney, 1995). Inward-focused emotions are reflections of internal attributions of responsibility (i.e., what "I" did; Tangney & Dearing, 2002). Examples of inward-focused negative emotions include shame and guilt." (BARCLAY ET AL., 2005, p.630).

2) Hipótese 2: A relação entre o nível de favorecimento dos resultados da demissão e as *outward-focused negative emotions*[88] (emoções negativas voltadas para fora) é mais acentuada quando a justiça procedimental ou a justiça interacional são maiores do que quando são baixas;

3) Hipótese 3: Atribuições de culpa mediam a relação entre a justiça procedimental, justiça interacional e as emoções negativas voltadas para fora;

4) Hipótese 4: As emoções negativas voltadas para fora mediam a relação entre a interação do nível de favorecimento dos resultados e justiça procedimental (ou a interação do nível de favorecimento dos resultados e justiça interacional) com o comportamento de retaliação dos ex-funcionários em relação à antiga companhia em que trabalhavam.

As hipóteses 1 e 2 tentam mostrar que as emoções têm relação não apenas com a percepção da justiça distributiva, mas também com a justiça procedimental e interacional. Além disso, reconhecem que as emoções podem ser divididas e estudadas em subgrupos (nesse caso, dois), o que é um indício de que cada um desses conjuntos pode atuar com maior ou menor influência sobre as percepções de justiça. A Hipótese 3 procura entender como a atribuição de culpa serve como um

---

[88] Outward-focused negative emotions (e.g., anger and hostility) occur when individuals evaluate others and assess the other person's role in causing the injustice (Tangney & Dearing, 2002). Anger, for instance, is founded on the beliefs that (a) individuals can influence the object of their anger, (b) others are deemed responsible for the actions, and (c) the other person(s) ought to have behaved differently (Tavris, 1982). The experience of anger can be associated with attempts to clarify and resolve a source of disagreement or conflict (Averill, 1982). Anger can signal a variety of messages, including dissatisfaction with an action, dissatisfaction with treatment, or a violation of justice (Tavris, 1982). Negative outward-focused emotions are associated with blaming the other party for the situation (i.e., what "the other" did)." (BARCLAY ET AL., 2005, p.630).

mediador entre o nível de justiça procedimental e interacional e o surgimento de emoções como a raiva e a hostilidade, o que permite traçar um paralelo, ainda que superficial, entre a probabilidade de um comportamento ser entendido como contrário às instituições de justiça vigentes e acabar sendo o responsável por incitar as emoções negativas, que, posteriormente, influenciam na percepção de justiça do indivíduo. Por fim, a Hipótese 4 tenta estabelecer a relação entre o que é sentido e um dos possíveis comportamentos correspondentes a isso (retaliação), de modo a fornecer indícios sobre todo o processo contido no ECG, no qual as emoções são um fator que influenciam a percepção de justiça e esta, por sua vez, fornece as bases para o comportamento ou pensamento do indivíduo.

Para testar as hipóteses 1 e 2, foram utilizadas as metodologias de regressão moderada e análise hierárquica de regressão, permitindo uma interpretação direta dos resultados e eliminando a multicolinearidade[89]. Os resultados encontrados validam as duas hipóteses. Primeiro, tanto a interação entre o nível de favorecimento dos resultados e a justiça interacional, como a interação entre o nível de favorecimento dos resultados

---

[89] Sobre essas metodologias: "Hypotheses 1 and 2 were tested using moderated regression. Following Cohen, Cohen, West, and Aiken (2003), the predictor variables used in these hypotheses (outcome favorability, procedural justice, and interactional justice) were centered (i.e., put in deviation score form with a mean of zero) and interaction terms were created by multiplying centered predictors. This procedure has been found to have two main benefits: (a) It yields meaningful, straightforward interpretations of the effects of the individual predictors, and (b) it eliminates nonessential multicollinearity. (...) we conducted hierarchical regression analysis following procedures recommended by Aiken and West (1991). In Step 1 we entered the control variables, in Step 2 we entered the main effects (outcome favorability and procedural or interactional justice), and in Step 3 we entered the respective interaction term." (BARCLAY ET AL., 2005, p.634).

e a justiça procedimental são previsores significativos das emoções negativas voltadas para si. Segundo, para níveis elevados de justiça interacional ou justiça procedimental, o nível de favorecimento dos resultados apresenta uma correlação negativa com as emoções negativas voltadas para dentro. Esse efeito não é estatisticamente significativo quando o nível de justiça é baixo. Terceiro, para níveis elevados de justiça interacional ou justiça procedimental, o nível de favorecimento dos resultados também apresenta uma correlação negativa com as emoções negativas voltadas para fora, sendo que esse efeito não é estatisticamente significativo quando o nível de justiça é baixo.

A metodologia utilizada para testar a Hipótese 3 foi um pouco diferente daquela utilizada para testar as duas hipóteses anteriores, apresentando um processo que deve testar três condições[90]. De todo modo, essa hipótese também foi confirmada. Os resultados indicaram que a justiça procedimental e a justiça interacional predizem de modo significativo tanto as emoções negativas voltadas para fora (Condição 1), quanto as atribuições de culpa (Condição 2). Quando as emoções negativas voltadas para fora foram regredidas sobre os pares justiça interacional/culpa e justiça procedimental/culpa, ambos os critérios de justiça e a atribuição de culpa permaneceram estatisticamente significativos, indicando uma mediação parcial (Condição 3). Por fim, foi comprovado que a relação entre os dois critérios

---

[90] "To test for mediation, we followed procedures recommended by Baron and Kenny (1986). To establish mediation, three conditions must hold: (a) The predictor (fairness: procedural–interactional justice) must also be related to the criterion variable (outward-focused negative emotion; Condition 1); (b) the predictor must be related to the mediator (attributions of blame; Condition 2); and (c) when the criterion is regressed on both the predictor and the mediator variables, the strength of the predictor drops relative to the first condition and the mediator must be related to the criterion variable (Condition 3)" (BARCLAY ET AL., 2005, p.636).

de justiça e as emoções negativas voltadas para fora caiu significativamente entre a Condição 1 e a Condição 3, confirmando a Hipótese 3.

Finalmente, a metodologia utilizada para testar a Hipótese 3 foi levemente adaptada para testar a Hipótese 4[91]. Ao contrário das demais hipóteses, a Hipótese 4 foi validada apenas parcialmente. Os resultados mostraram que as emoções negativas voltadas para fora mediam apenas a interação entre o nível de favorecimento dos resultados e a justiça interacional com o comportamento de retaliação, sendo que a justiça procedimental, dessa vez, não tem uma influência significativa nessa interação. Uma possível explicação da validade parcial da Hipótese 4 é de que, nos casos em que há uma violação das normas referentes à justiça interacional, o transgressor (ou seja, o supervisor ou chefe do ex-funcionário da empresa) é imediatamente identificado. Em contraste, identificar quem é o responsável por gerar processos injustos é mais difícil e menos "pessoal", o que diminui a chance do indivíduo se comportar com algum tipo de retaliação (Barclay et al., 2005).

## 4.3 Emoções e incerteza

Os estudos e experimentos expostos até aqui ilustram tanto a noção de que as emoções são fatores que influenciam diretamente na percepção de justiça quanto a relação que existe entre emoções e preferências. Contudo, a região 3 do ECG apresenta uma dimensão que também deve ser explorada: a relação entre emoções e as crenças e expectativas, ou ainda,

---

[91] "In this case, we followed Baron and Kenny's (1986) procedure for testing mediated moderation. This procedure is identical to the steps outlined for Hypothesis 3, with two exceptions: (a) The predictor is an interaction term, and (b) regression equations involving the predictor must include the main effects of the interaction term." (BARCLAY ET AL., 2005, p.637)

sob uma outra abordagem, os vínculos que existem entre as emoções e a percepção de incerteza. Se tanto as emoções como a presença de incerteza fazem com que a percepção de justiça seja alterada, é de se esperar que esses dois componentes também possam estar associados de alguma maneira. Segundo Damásio (1994), quando os indivíduos são confrontados com situações complexas e devem tomar decisões em face à incerteza do ambiente, ativam sistemas no neocórtex, o setor moderno do cérebro no sentido evolutivo e que tem papel ativo no processamento afetivo e cognitivo. Os sentimentos, por sua vez, contribuem na tomada de decisão em situações de incerteza:

> At their best, feelings point us in the proper direction, take us to the appropriate place in a decision-making space, where we may put the instruments of logic to good use. We are faced by uncertainty when we have to make a moral judgment, decide on the course of a personal relationship, choose some means to prevent our being penniless in old age, or plan for the life that lies ahead. Emotion and feeling, along with the covert physiological machinery underlying them, assist us with the daunting task of predicting an uncertain future and planning our actions accordingly. (DAMÁSIO, 1994, p.xiii)

No intuito de entender melhor essa conexão entre incerteza e emoção, Johnson e Tversky (1983) realizaram uma série de quatro experimentos de laboratório para tentar provar a hipótese de que as emoções influenciam diretamente a percepção de risco dos agentes. A ideia central dos experimentos era pedir aos participantes[92] que lessem algumas

---

[92] Antes da realização dos 4 experimentos, foram realizadas duas sessões pré-experimentais para definir a lista de itens (causas de morte) do estudo: na primeira, 68 alunos de graduação tiveram que listar quais as causas de morte que eles achavam que ocorriam com maior frequência nos Estados Unidos (foram escolhidas para o experimento as 18 causas mais citadas); na segunda, 110 voluntários recrutados através de uma

notícias (nas quais o conteúdo incluía dois itens breves e mundanos de até dois parágrafos e uma notícia, de três parágrafos, envolvendo um evento fatal), verificar se eles reportavam uma alteração emocional no que se refere ao nível de preocupação e a um sentimento depressivo em relação à causa da morte presente na notícia e, posteriormente, mensurar se as estimativas desses participantes em relação ao número médio de diversas causas de mortes eram significativamente diferentes das estimativas de um grupo de controle, no qual os participantes não haviam lido a notícia sobre a fatalidade[93]. Embora essas estimativas não possam servir como parâmetro para uma análise que envolva o tipo de incerteza fundamental e não utilize um questionário que reporte um conjunto amplo de emoções, ao menos servem como um ponto de partida para a realização de um cálculo probabilístico subjetivo de risco,

---

propaganda no jornal estudantil universitário, deveriam dar uma nota de 1 a 10 para o nível de similaridade entre as 18 causas de morte selecionadas na primeira sessão. Em relação aos experimentos em si: no experimento 1, participaram 72 pessoas (quase a mesma proporção de homens e mulheres) que receberam um pagamento e foram recrutadas através de uma propaganda no jornal universitário; no experimento 2, participaram 186 pessoas, recrutadas através do mesmo método do experimento 1; no experimento 3, participaram 191 estudantes do curso de Introdução à Psicologia; no experimento 4, participaram 88 pessoas recrutadas através de uma propaganda colocada no campus (que receberam um pagamento pela participação) e 20 estudantes de graduação (que não receberam pagamento).

[93] Primeiramente, como referência, os participantes recebiam a informação de que 50.000 pessoas morriam por ano nos Estados Unidos de acidentes com veículo motores. Em seguida, deveriam estimar quantas pessoas morriam por ano nos Estados Unidos por conta das seguintes causas: tornados; enchentes; raio; incêndio; eletricidade; quedas acidentais; acidentes de avião; homicídio; terrorismo; guerra; acidentes nucleares; derramamentos químicos tóxicos; acidente vascular encefálico; doenças cardíacas; leucemia; câncer de pulmão; câncer de estômago.

permitindo transparecer algum tipo de relação entre emoções e incerteza, ou a crença sobre a realização de um evento.

Para os experimentos 1 e 2[94], os participantes foram separados em quatro grupos, sendo que três deles deveriam ler uma notícia com um evento fatal (o grupo 1 leu uma notícia sobre uma morte por crime; o grupo 2 uma notícia sobre uma morte por incêndio; o grupo 3 uma notícia sobre uma morte por leucemia), além das duas notícias banais, e o último grupo era o de controle, só lendo as duas notícias banais. Constatou-se que, na média, as notícias que envolviam uma fatalidade foram julgadas como mais depressivas do que as notícias banais. Adicionalmente, o nível de preocupação com a morte e o humor negativo reportados pelos participantes dos três grupos que leram a notícia envolvendo algum tipo de morte foi significativamente superior ao nível reportado pelo grupo de controle. Verificou-se no experimento 1 que as estimativas de causas de morte foram 133% maiores para aqueles que leram a notícia envolvendo um crime se comparados ao grupo de controle. Para os grupos que leram a notícia envolvendo morte por incêndio e por leucemia, o aumento das estimativas em relação ao grupo de controle foi de 50% e 56% respectivamente. Os resultados do experimento 2 também mostraram um aumento considerável das estimativas em

---

[94] Os experimentos 1 e 2 são parecidos, mas existem algumas diferenças que devem ser notadas: "First, we added a new task that requires the subjects in each condition to rank the risks with respect to the number of fatalities. This procedure induces a direct comparison between target and nontarget risks that does not require numerical estimates of frequency. Second, we reduced the set of risks to seven: the three target risks, each target's most similar (near-target) risk from Experiment 1, and one nontarget risk. A local or a gradient effect may be more pronounced when the task is made simpler by reducing the number of estimates. Third, we strengthened the experimental manipulation by placing the stories and the frequency estimates in the same questionnaire. Finally, we increased the statistical power of the test by doubling the total number of subjects." (Johnson e Tversky, 1983, p.25).

relação ao grupo de controle, principalmente para o grupo que leu a notícia sobre o crime (aumento de 144%) e para o grupo que leu a notícia envolvendo a morte por leucemia (aumento de 73%). Em ambos experimentos, não foi possível observar uma diferença estatisticamente significativa entre o aumento das estimativas globais do risco de morte em comparação com um aumento apenas local ou gradual das estimativas. Isso significa que o aumento das estimativas não foi observado apenas sobre o tipo de morte contida na notícia lida pelos participantes (efeito localizado do tipo de morte) ou pelos tipos de morte considerados similares (efeito gradual, por associação e semelhança entre os tipos de morte), mas sim ocorreu um aumento médio de todas as estimativas (efeito global).

Os experimentos 3 e 4 servem para verificar se o conteúdo em si das notícias é o principal responsável por esse aumento das estimativas ou se são as emoções negativas, independentemente do modo pelo qual os participantes são levados a sentir essas emoções. Sendo assim, o experimento 3 utilizou três grupos distintos: grupo de controle; grupo que leu a notícia envolvendo um crime; grupo que leu uma história triste, porém sem envolver nenhum tipo de morte. O experimento 4 utilizou apenas o grupo de controle e um grupo nos quais os integrantes leram uma notícia desenhada para gerar emoções positivas ao invés de negativas. Em ambos experimentos, além das estimativas sobre as diversas causas de morte, foi pedido aos participantes que realizassem a estimativa da frequência de alguns eventos negativos, mas não fatais (e.g. falência financeira e divórcio). Enquanto os resultados do experimento 3 confirmaram o aumento global das estimativas para o grupo que leu a história triste, o grupo do experimento 4 teve uma queda estatisticamente significativa para 20 das 21 estimativas, se comparada às estimativas do grupo de controle, evidenciando que as emoções positivas também alteram a percepção de risco dos indivíduos.

Segundo Johnson e Tversky (1983), apesar da importância de se observar a influência das emoções sobre a estimativa da ocorrência de um evento incerto, uma das constatações mais importantes desses experimentos é a noção de que o efeito do humor (processo afetivo) não é sempre dependente de uma rede cognitiva semântica (visto que o aumento das estimativas foi global, não local ou gradual), o que evidencia a necessidade de salientar a separação entre um processamento cognitivo e um processamento afetivo, como ilustrado no ECG:

> The pervasive global effect of mood and the absence of a local effect pose a serious problem to memory-based models of this effect, such as spreading activation within a semantic network. In such models, the impact of an experience is largely determined by the strength of association between the input (e.g., the story) and the target (e.g., the risks). Risks that are closely linked to the story should be influenced more than unrelated risks, contrary to the present findings. The novel aspect of these results is not the global mood effect, which has been observed by several investigators (see, e.g., Bower, 1981; Feather, 1966; Clark & Isen, 1982; Bower & Wright, Note 1), but rather the presence of a pervasive global effect in the absence of any local effect of similarity or association. This combination is particularly surprising because the effect of mood was produced not by an arousing experience but rather by a brief mundane account of a specific event. Evidently, people dissociate the affective impact of the account from its content. These observations are consistent with the view that the influence of affect is at least partially independent of semantic association (Zajonc, 1980). The results give rise to the hypothesis that we tend to make judgments that are compatible with our current mood, even when the subject matter is unrelated to the cause of that mood. (JOHNSON E TVERSKY, 1983, p.30)

Wright e Bower (1992) também realizaram um experimento para tentar verificar como o estado emocional afeta a estimação de probabilidades subjetivas para a ocorrência de eventos positivos e negativos. O experimento consistia em apresentar uma lista de 24 eventos de 4 tipos e pedir aos participantes[95] que realizassem uma estimativa da probabilidade de ocorrer cada um dos eventos listados. Os eventos poderiam ser dos seguintes tipos: eventos pessoais positivos (e.g. "eu serei capaz de viajar para a Europa dentro dos próximos três anos"); eventos pessoais negativos (e.g. "eu perderei minha carteira/bolsa dentro do próximo ano"); eventos não pessoais positivos (e.g. "um novo combustível sintético será descoberto nos próximos dez anos que irá facilmente e economicamente tomar o lugar dos combustíveis fósseis - petróleo, carvão, gasolina, etc.;"); eventos não pessoais negativos (e.g. "um presidente dos Estados Unidos será assassinado dentro dos próximos 10 anos"). Contudo, antes de estimarem essas probabilidades, foi pedido a 22 dos 51 participantes que relembrassem situações do passado em que experimentaram uma emoção de felicidade ou tristeza e recriar o humor experimentado naquela situação. Esse processo foi realizado com a ajuda de hipnose, que serviu para sugerir que os participantes seguissem a sugestão de alteração de humor pedida pelos pesquisadores e se concentrassem na tarefa que teriam de realizar. Dos 24 eventos, esses participantes estimaram a probabilidade de 12 eventos sob a indução de uma emoção de felicidade e os outros 12 sob a indução de um sentimento de tristeza. Os demais 29 participantes serviram como grupo de controle e não passaram por nenhum tipo de processo de sugestão de alteração emocional antes de realizarem suas estimativas.

---

[95] Participaram 51 estudantes de graduação da Universidade de Stanford, sendo que 22 participantes foram submetidos a um processo de hipnose e receberam um pagamento de US$3,50, enquanto os outros 29 receberam crédito do curso pela participação no experimento.

Os pesquisadores constataram que o humor tem um impacto altamente significativo sobre a estimativa de probabilidade de ocorrência de eventos incertos. Os resultados mostraram um padrão bem nítido, no qual os indivíduos sugestionados por uma emoção de felicidade apresentaram estimativas de probabilidade maiores para eventos positivos e menores para eventos negativos, quando comparados ao grupo de controle. Por outro lado, quando esses mesmos indivíduos estavam sob um humor negativo, suas estimativas para eventos positivos eram menores e, para eventos negativos, eram maiores do que o grupo de controle. Ou seja, as emoções positivas fizeram com que os indivíduos tivessem uma visão mais positiva do futuro, ao passo que as emoções negativas tornaram os indivíduos mais pessimistas. Esse padrão ocorreu tanto para os eventos de cunho pessoal quanto não pessoal.

Uma crítica que poderia ser feita a esse experimento é de que os participantes procuraram prover os resultados que os pesquisadores estavam procurando, o que não refletiria muito bem uma situação capaz de ocorrer fora do laboratório. No entanto, através de relatórios verbais feitos após o experimento, verificou-se que, na realidade, alguns participantes tentaram produzir resultados contrários ao encontrado, pois se esforçaram conscientemente para contrabalancear a possível influência emocional positiva (negativa) com uma redução (aumento) do otimismo no momento de estimar as probabilidades, buscando uma estimativa mais emocionalmente neutra:

> In our experiment, verbal reports obtained during the debriefing phase indicate that subjects frequently tried to produce results opposite to the documented mood effects. The task was described as part of an ongoing project to compare risk assessments to "actual probabilities" for nonpersonal and personal events. The need for judgment accuracy was emphasized to the subjects. The subjects were told that hypnosis was being

used to put people in a relaxed state so that they could carefully consider their risk assessment SPs *(subjective probabilities)*. Not surprisingly, several subjects spontaneously volunteered during the debriefing session that, because they were aware of the potential impact of their mood, they "compensated" by adjusting their SPs to be closer to the probabilities they thought they would generate in a neutral mood. In general, when asked about the impact of the two moods on their SPs, subjects usually reported they expected a slight effect, or no effect at all, on their SP judgments (however, with a tendency to report more expected impact for the personal versus nonpersonal events). Despite subjects' attempts to compensate for the effect of being in a particular mood, the results indicate a consistent mood effect on SP judgments. (WRIGHT E BOWER, 1992, p.287)

Wright e Bower (1992), ao contrário do destaque que Johnson e Tversky (1983) dão para a independência do processamento afetivo, destacam a importância do processamento cognitivo dentro do mecanismo de estimação de probabilidades subjetivas, realçando o papel da memória de longo prazo e da saliência de episódios passados para relembrar um conhecimento congruente com o tipo de humor sugerido ao longo do experimento:

To generate an SP judgment for the likelihood of a future event, one must search long-term memory, retrieve salient episodic (and conceptual) knowledge, and combine retrieved knowledge into a SP inference. One's prevailing mood may focus attention on mood-consistent aspects of the situation, bias memory retrieval toward mood-congruent knowledge (Blaney, 1986, pp. 234-236), and result in a different SP than would be concluded in a mood-neutral situation. (...) Eleven of the 22 mood condition subjects were asked for description of the cognitive process they used to generate their probabilities. The typical description (in either mood) consisted of concentration on either a particularly recent, vivid, sometimes personal event or experience, or a well-known relevant fact, prior to making the SP judgment. The bit of information focused on was usually mood congruent. This phenomenon is exactly what is predicted by the hypothesis of mood-dependent retrieval. Occasionally, before providing the SP judgment, a subject would mentally scan over aspects of the event to which the SPs were to be assigned, e.g., different kinds of cancer given Event #2 (see Appendix), with this initial focusing suggesting possible use of an anchoring (on first information retrieved) procedure followed by adjustment given information subsequently retrieved (Tversky & Kahneman, 1973). With self-reported descriptions of cognitive processing, however, one must keep in mind the possible tendency to report an "appropriate, rational," perhaps contextually "acceptable," procedure in contrast to what the subject may have actually done (assuming awareness of his/her retrieval and inference procedures (WRIGHT E BOWER, 1992, p.278 e 285)

Tanto os resultados encontrados por Johnson e Tversky (1983) quanto por Wright e Bower (1992) mostraram que a percepção de risco está relacionada à valência das emoções, isso é, se por um lado as emoções negativas fazem com que os indivíduos fiquem mais pessimistas, por outro lado, as emoções positivas aumentam o otimismo das estimativas de ocorrência de eventos incertos. Diferentemente dessas constatações, Lerner e Keltner (2000) mostraram, através de um experimento, que a noção de risco não depende apenas da valência das emoções, mas de um conjunto de dimensões que cada emoção possui e da forma com que cada emoção dirige a cognição para resolver problemas ou oportunidades específicas. Dessa forma, duas emoções de mesma valência podem ocasionar diferentes percepções de risco, como tentam mostrar os autores ao compararem duas emoções de valência negativa: raiva e medo.

Tabela 6
Nível dos Elementos das Emoções de Raiva e Medo e a
Percepção de Risco

| Elementos | Raiva | Medo |
| --- | --- | --- |
| Certainty | Alto | Baixo |
| Pleasantness | Baixo | Baixo |
| Attentional Activity | Médio | Médio |
| Anticipated Effort | Médio | Alto |
| Control | Alto | Baixo |
| Responsibility | Alto | Médio |
| Tendência de Análise | Perceber eventos negativos como previsíveis, sob o controle humano e ocasionado por terceiros | Perceber eventos negativos como não previsíveis e sem controle direto |
| Percepção de Risco | Baixo Risco | Alto Risco |

Fonte: Adaptado da Tabela 1 de Lerner e Keltner (2000, p.479).

Esse conjunto de dimensões, específico para cada emoção, é composto por seis elementos: *certainty; pleasantness; attentional activity; anticipated effort; control; responsibility*[96]. A partir

---

[96] Descrição dos elementos: "*Certainty* is the degree to which future events seem predictable and comprehensible (high) vs. unpredictable and incomprehensible (low). *Pleasantness* is the degree to which one feels pleasure (high) vs. displeasure (low). *Attentional activity* is the degree to which something draws one's attention (high) vs. repels one's attention (low). *Control* is the degree to which events seem to be brought about by individual agency (high) vs. situational agency (low). *Anticipated effort* is the degree to which physical or mental exertion seems to be needed (high) vs. not needed (low). *Responsibility* is the degree to which someone or something other than oneself (high) vs. oneself (low) seems to be

disso, é possível atribuir um nível (baixo, médio ou alto) para cada um desses elementos que constituem uma emoção. A Tabela 6 mostra o nível de cada elemento para as duas emoções negativas utilizadas no experimento, bem como a hipótese de que o nível de percepção de risco é oposto quando se compara essas duas emoções.

Para provar que a raiva e o medo contribuem de forma oposta para a percepção de risco, foi realizado um experimento no qual se pediu aos participantes[97] para que estimassem a frequência de 12 possíveis causas de morte, exatamente como o experimento 1 realizado por Johnson e Tversky (1983)[98]. Antes de realizarem essas estimativas, os participantes deveriam preencher e responder alguns questionários que procuravam medir seus níveis de medo e raiva, tanto no nível da disposição pelo qual eles sentiam essas emoções (isso é, uma medida de quanto cada indivíduo era suscetível a apresentar essas emoções em diferentes contextos), quanto no nível em que eles sentiam essas emoções no momento do experimento. Embora Lerner e Keltner (2000) tenham utilizado a medida de disposição emocional para verificar a correlação entre as emoções e as estimativas de frequência, eles realizaram um teste que mostrou uma correlação positiva significativa entre o nível de disposição da emoção e o nível emocional momentâneo. Assim, através de uma regressão na qual a percepção de risco era a variável dependente e as disposições emocionais de raiva e medo eram as variáveis independentes, verificou-se a validade das hipóteses contidas na Tabela 6, ou seja, de que o medo é uma emoção que está positivamente

responsible. We refer interested readers to Smith and Ellsworth (1985) for comprehensive descriptions of each dimension and each emotion's scale values along the dimensions" (LERNER E KELTNER, 2000, p.479).

[97] Um total de 97 estudantes de graduação (28 homens e 69 mulheres) participaram do estudo em troca de crédito para seus cursos.

[98] Foi utilizado o próprio questionário de riscos de Johnson e Tversky (1983), embora com apenas 12 causas de morte ao invés de 18.

correlacionada com a percepção de maior risco, ao passo que a raiva apresenta uma correlação negativa. Isso mostra que não é possível generalizar a relação entre emoções e incerteza se baseando apenas na valência das emoções, mas sim em uma análise mais detalhada através de seus elementos constitutivos. Consequentemente, embora em um primeiro momento os sentimentos negativos tendam a aumentar a percepção de injustiça ou da violação de normas e convenções de justiça por meio de um efeito direto, podem ocasionar um efeito indireto nessa percepção de justiça por meio da mudança na percepção sobre a incerteza e a expectativa que envolve um evento econômico ou social (relação entre emoções e expectativas/crenças mostrada na região 3 do ECG).

Se a *experiência* de emoções pode afetar o comportamento, a percepção de justiça ou de incerteza, será que o mesmo ocorre com a *antecipação* dessas mesmas emoções? De acordo com Zeelenberg et al. (2000) a resposta é positiva. Tomando como base a comparação entre os sentimentos negativos de "arrependimento" e "desapontamento", os autores argumentam que a antecipação de sentir essas emoções pode alterar significativamente o comportamento dos indivíduos, bem como adaptar seu sistema de expectativas sobre os resultados de suas ações. Apesar de serem duas emoções negativas, os autores fazem uma revisão mostrando que uma série de estudos mostraram que essas emoções são diferentes. O arrependimento surge por conta de resultados negativos que poderiam ter sido melhores caso o indivíduo tivesse escolhido outra opção ou agido de outra maneira. Isso significa que o arrependimento está diretamente relacionado à capacidade que uma pessoa tem (ou, ao menos, acredita ter) em influenciar os resultados de uma situação. O desapontamento, por outro lado, surge da não verificação de expectativas sobre o resultado. No entanto, nesse caso, o indivíduo não tem (ou acredita não ter) poder para influenciar diretamente o resultado[99].

Para Zeelenberg et al. (2000), essa diferença no surgimento do arrependimento e do desapontamento também ocasiona uma diferença no comportamento do indivíduo, mesmo que ele apenas *espere* ou *antecipe* sentir essas emoções. Assim, para o caso do arrependimento, o indivíduo tende a postergar suas decisões e a se preocupar em buscar mais informações antes de tomar uma decisão. Outra possibilidade de evitar o surgimento desse sentimento é procurar não saber os resultados das ações alternativas, visto que, se não há a possibilidade de comparação, não há como se arrepender (a menos que se arrependa simplesmente por ter tomado uma decisão em comparação com a possibilidade – se houver – de não ter feito nada). Quando o indivíduo antecipa a ocorrência do desapontamento, ele pode agir de modo a escolher alternativas de menor risco, diminuir suas expectativas sobre a probabilidade de alcançar determinado resultado ou mesmo diminuir o valor ou a importância que o próprio resultado tem para ele.

Percebe-se que em ambos os casos a antecipação de uma emoção pode alterar o comportamento ou as expectativas sobre algum resultado imbuído de incerteza. Similarmente, o indivíduo pode ajustar suas expectativas e modificar seu comportamento ao prever o surgimento de uma emoção em uma situação que envolva justiça. Por exemplo, pode-se esperar que uma pessoa busque maiores informações sobre uma norma distributiva vigente antes de tomar alguma ação,

---

[99] Utilizando as características de Lerner e Keltner (2000), a grande diferença entre o "arrependimento" e o "desapontamento" é que o primeiro é um sentimento com um elevado grau de *Control* e um baixo grau de *Responsability*, ao passo que o segundo apresenta um baixo grau de *Control* e um grau médio ou elevado de *Responsability*.

no intuito de evitar um arrependimento ou mesmo um sentimento de vergonha perante a sociedade.

Em suma, este Capítulo mostrou a importância que as emoções têm para a percepção de justiça e como podem influenciar o pensamento e comportamento das pessoas. Ainda que haja algumas tentativas de se incorporar as emoções dentro de modelos neoclássicos, esse ainda é um esforço tímido perante a importância que esse fator parece ter sobre os indivíduos. Mais do que isso, talvez seja necessário abandonar pressupostos fortes de racionalidade que são utilizados nesses modelos. As evidências obtidas através de experimentos e até mesmo de imagens de ressonância magnética confirmam que o processamento afetivo é uma parte fundamental nas percepções de justiça e no comportamento das pessoas, como mostrado no ECG. Mais do que seus efeitos diretos, as emoções também interagem com as preferências, as expectativas e as percepções de incerteza dos indivíduos, ocasionando um efeito adicional sobre as pessoas e sobre todas as dimensões da justiça: distributiva, procedimental e interacional. É importante notar que, embora a valência das emoções talvez seja o principal fator a ser considerado em um estudo mais geral, uma análise mais atenta de como as emoções podem influenciar as pessoas deve levar em consideração as características de cada emoção, como mostrado por Lerner e Keltner (2000). Por fim, não bastando reconhecer que a experiência de emoções pode ser fundamental para entender pensamentos e comportamentos, a mera antecipação de um estado emocional já pode ser responsável por alterar as escolhas de um indivíduo.

# Capítulo 5: Comportamento e Pensamento - Processamento Dual e a (In)Conformidade Institucional

O Esquema Circular Geral, assim como o próprio nome sugere, apresenta um direcionamento circular dos seus elementos, de forma que os fatores que ajudam a moldar a percepção de justiça também são influenciados pelo próprio comportamento ou pensamento no momento seguinte. Esses pensamentos e comportamentos podem ajudar a reforçar as normas e convenções de justiça vigentes ou contradizer essas instituições, o que pode contribuir para a criação de uma nova instituição, mesmo que, por algum período, esses indivíduos sofram algum tipo de sanção (região 4). Assim, a observação do comportamento, seja ele conformista ou não, produz um novo estímulo no ambiente, que será novamente processado pelos mecanismos cognitivos e afetivos de outro indivíduo, gerando, mais uma vez, alguma resposta sobre as preferências, expectativas e emoções relativas à justiça.

Esse tipo de esquema relativiza a importância dos debates sobre a ordem de determinação ou causalidade dos fatores. O caráter evolucionário dos processos econômicos e sociais requer um tipo de análise que permita entender como uma situação se insere na dinâmica de uma determinada sociedade, exigindo, portanto, uma orientação que dê preferência a processos não estáticos, que vão sendo retroalimentados ao longo do tempo. Um exemplo disso é a discussão que pode ser feita sobre a noção de que as emoções são uma resposta para a percepção de justiça ou se são parte constitutiva dessa percepção. Embora seja ressaltado aqui o papel constitutivo fundamental que as emoções têm sobre a percepção de justiça e sobre o comportamento que se segue a essa percepção, não é possível ignorar que a observação desse mesmo comportamento também influenciará as respostas

187

afetivas do mesmo ou de outros indivíduos ao longo do tempo. O modelo de processamento afetivo em níveis e SECs mostra isso. Inclusive, pode-se depreender desse modelo que a maioria das emoções são construídas socialmente, principalmente nos níveis esquemático e conceitual e no SEC de compatibilidade de normas, que talvez sejam as posições do processamento afetivo mais ativadas no que diz respeito às instituições de justiça. Da mesma forma, as expectativas e as preferências ajudam a moldar a percepção de justiça, mas elas também vão sendo moldadas com o passar do tempo. Assim, o ECG mostra esse caráter circular no qual as instituições influenciam e são influenciadas pela percepção de justiça, sempre ressaltando o papel dos diversos componentes desse ciclo.

## 5.1 Processamento Dual

Em face do caráter circular do ECG, é de suma importância entender os motivos pelos quais os agentes se comportam conforme ou em contradição às instituições de justiça ao longo do tempo. Contudo, antes de explicitar os principais motivos para a (in)conformidade, é necessário compreender que os indivíduos podem realizar todos os processos contidos no ECG de maneira mais ou menos consciente e deliberativa. Como ressaltado por diversos autores (Bicchieri, 2006; Kahneman, 2012; Dequech, 2013), essa gradação na atividade cognitiva e emocional pode levar a comportamentos que surgem por conta desde hábitos até cálculos mais deliberacionais e complexos.

Dequech (2013) afirma que a conformidade institucional pode ser resultante tanto de um hábito espalhado pela sociedade quanto de uma decisão tomada mais conscientemente. Para o autor, o hábito se forma através da repetição do comportamento e do pensamento que, por sua vez, podem se originar da imitação não consciente ou da repetição de um comportamento ou pensamento consciente anterior.

Segundo Dequech, o hábito não tem recebido muita atenção dos economistas *mainstream*. Para alguns autores, esse tipo de processo ocorre em um nível pré-consciente e pré-esquemático:

> (...) mainstream economists have not paid enough attention to habits when discussing conformity or more generally. At least North (1990, on informal constraints), Denzau and North (1994) and Greif (2006) have opened more room for the lack of conscious thinking and for habits in new institutional economic analysis. Closer to their older, Veblenian economic counterpart, the new institutionalism in organization studies has focused on 'pre-conscious processes and schema, as they enter into routine, taken-for-granted behavior' (DiMaggio and Powell, 1991: 22; the Veblen connection is noted by Colyvas and Powell, 2006). The cognitive–cultural pillar of institutions, highlighted by this approach, 'rests on preconscious, taken-for-granted understandings' (Scott, 2008: 60; also p. 50). (DEQUECH, 2013, p.88)

Dequech propõe que os argumentos apresentados pelos institucionalistas organizacionais deveriam ser aplicados também ao comportamento e pensamento conscientes, antes desses atos e ideias se tornarem habituais ou mesmo durante um processo de "desabitualização":

> Some arguments have been considered by the organizational institutionalists when dealing with habitualized acts and ideas, but the present paper suggests – and this is part of its intended contributions – that they should also be more clearly and strongly applied to conscious behavior and thought, *before* it becomes habitualized or when there is a period of dehabituation (or deinstitutionalization), which may be reverted into rehabituation. Such a suggestion is congruent with the

new organizational institutionalists' concern, after the early formulations, with agency, intentionality, contestation and justification. This does not imply that conscious behavior is always instrumental or rational. (DEQUECH, 2013, p.89)

O argumento de que os hábitos são comportamentos ou pensamentos formados em um nível pré-consciente não significa que se dão fora do processo cognitivo. Louis e Sutton (1991) destacam que os "hábitos da mente" são atividades cognitivas automáticas das quais os *schemas* e *scripts* são estruturas cognitivas eficientes para guiar a percepção, interpretação e responder a situações sociais familiares. Já para Ouellette e Wood (1998), os hábitos são tendências comportamentais de repetir respostas, dado um contexto estável (ou seja, o mesmo local, mesmo período da ação e uma mesma situação). Danner et al. (2008) realizam dois experimentos que mostram que um hábito forte não se dá apenas pela elevada frequência de um comportamento ao longo de determinado período, mas também pela estabilidade do contexto, sendo que esses dois elementos considerados em conjunto (mas não separadamente) interagem com a intenção do indivíduo e constituem fatores explicativos para o comportamento futuro[100]. Reconhecer esse papel do contexto

---

[100] O primeiro experimento foi composto de 139 estudantes universitários, sendo que cada um recebeu 5 euros pela participação. O objetivo era determinar se a frequência do comportamento, a estabilidade do contexto, a força do hábito (um índice que leva em consideração frequência e estabilidade do contexto em conjunto) e a intenção dos indivíduos eram fatores explicativos para três tipos de comportamentos: comer um lanche (*snacking*, no original), beber leite ou tomar uma bebida alcóolica. O segundo experimento foi composto por 80 estudantes universitários que também receberam 5 euros pela participação. Esse segundo experimento foi similar ao primeiro, com a diferença de que o comportamento estudado era relativo à utilização de bicicleta como meio de transporte por estudantes que moravam em Utrecht. Os resultados dos dois experimentos mostraram que todos os fatores possuem uma correlação significativa com o comportamento

é importante, pois são os sinais do ambiente e sua estabilidade que ativam as ações habituais. Segundo Aarts et al. (1998):

> we conceive of habits as goal-directed automatic behaviors that are mentally represented. And because of frequent performance in similar situations in the past, these mental representations and the resulting action can be automatically activated by environmental cues. (...) since the concept of habit is strongly rooted in behaviorist approaches to learning theory, for a long time it was assumed that mental (cognitive) processes do not mediate the automatic activation of habitual responses to environmental stimuli. In contemporary research, however, it is often argued that cognition does play a role in the direct control of environmental cues over habitual behavior (e.g., Bargh & Gollwitzer, 1994; Norman & Shallice, 1986; Ronis et al., 1989; Triandis, 1980). For instance, Bargh (1990) suggests that when the same decisions are frequently pursued and implemented in a given situation, an association between the mental representation of that situation and the representation of the respective goal-directed choices will emerge. Frequent coactivation of a particular situation and particular choice increases the strength and accessibility of that association. Hence, frequent performance of an action in a specific situation facilitates the ease of activating the mental representations of this action (and hence the resulting action itself) by situational or environmental cues. (...) The source of a habitual response, like stereotypes and attitudes, can be thought of as a cognitive structure that

---

futuro, mas que há uma interação significativa entre eles apenas quando se compara a força do hábito com a intenção dos indivíduos. Ouellette e Wood (1998) utilizam os resultados de uma compilação de experimentos para mostrar, empiricamente, o elevado poder explicativo que o comportamento passado e a intenção têm sobre o comportamento futuro, mas, diferentemente de Danner et al. (2008), não elaboram uma variável que deixa explícita a importância da estabilidade do contexto.

is learned, stored in, and readily retrieved from memory upon the perception of appropriate stimuli (AARTS ET AL., 1998, p.1359)

A partir dessas definições e do entendimento sobre o que são e como são formados os hábitos, pode-se afirmar que eles fazem parte da estrutura do ECG, pois também são resultados do esquema cognitivo apresentado, embora sejam responsáveis por gerarem respostas mais rápidas, "automáticas" ou menos conscientes. A própria Bicchieri (2006) propõe uma diferenciação entre essas duas rotas de decisão, separando-as em uma *rota deliberacional* e uma *rota heurística*, como observado na região 4 do ECG. Segundo a autora:

Whenever we enter any environment, we have to decide how to behave. There are two ways to reach a decision. One is somewhat ideally depicted by the traditional rational choice model: We may systematically assess the situation, gather information, list and evaluate the possible consequences of different actions, assess the probability of each consequence occurring, and then calculate the expected utility of the alternative courses of action and choose one that maximizes our expected utility. I dub this the deliberational route to behavior. (...) But even in these cases deliberation may fall short of the ideal. Behavioral decision theorists have gathered compelling evidence that actors systematically violate the assumptions of rational choice theory (Camerer 2003). Thus the deliberational way need not assume perfect rationality. It only requires conscious deliberation and balancing of what one perceives (or misperceives) as the costs and benefits of alternative courses of action. On occasion we do engage in conscious deliberation, even if the process is marred by mistakes of judgment and calculation. (...) A second way to reach a decision relies on following behavioral rules that prescribe a particular course of action for the situation (or a class of similar situations). These guides to behavior include habits, roles, and, of course, norms. Once one adopts a behavioral rule, one follows it without the conscious and systematic assessment of the situation performed in deliberation. The question of how a particular behavioral rule is primed is of great interest. The answer is likely to lie in the interplay of (external) situational cues and (internal) categorization processes. These processes lie beyond awareness and probably occur in split seconds. (…) According to the heuristic route, norm compliance is an automatic response to situational cues that focus our attention on a particular norm, rather than a conscious decision to give priority to normative considerations. (BICCHIERI, 2006, p.4-5)

Primeiramente, vale ressaltar que tanto Bicchieri (2006) quanto Dequech (2013) afirmam que a rota deliberacional ou mais consciente não pode ser confundida com um comportamento sempre instrumental ou racional, sendo que esse último é apenas um tipo ideal da rota deliberacional. Isso também é sustentado pelos argumentos apresentados até aqui, o que dá espaço para a possibilidade de erros e da presença de incerteza fundamental e procedimental. Segundo, a rota heurística não é responsável apenas por sugerir respostas rápidas para os hábitos, normas ou papeis sociais, mas é um procedimento simples que ajuda a encontrar respostas adequadas (ainda que viesadas), para qualquer tipo de pergunta mais complexa, mesmo em situações novas para os indivíduos[101].

---

[101] Por exemplo, os indivíduos podem usar a heurística para substituir mentalmente uma pergunta específica de um experimento de laboratório (uma situação nova) por uma pergunta mais simples, obtendo, assim, uma resposta rápida. Kahneman (2012) dá alguns exemplos dessa heurística de substituição: ao ter que responder "O quanto você está feliz atualmente?", o indivíduo pode substituir essa pergunta por "Qual é o meu humor neste exato momento?"; "Qual será a popularidade do presidente daqui a seis meses?" pode vir a ser

Há vários tipos de heurísticas, dentre os quais se destacam as heurísticas de disponibilidade e as heurísticas de afeto, heurísticas essas que podem afetar claramente um julgamento sobre justiça. O primeiro tipo é definido como o processo de julgar a frequência de um evento segundo a "facilidade com que ocorrências vêm à mente". Dessa forma, processos ou formas de distribuição de bens mais corriqueiros em determinadas ocasiões provavelmente virão à mente como resposta para perguntas sobre justiça ou como um guia para o comportamento. O segundo tipo é uma heurística de substituição pela qual se substitui uma pergunta original por uma pergunta cujo tópico central se torna o que o indivíduo sente pelo objeto em questão. Assim, ao invés de tentar responder uma pergunta direta e objetiva como "O que penso sobre essa distribuição de bens?", o indivíduo passa a pensar ou a se comportar em coerência com a resposta que dá para a pergunta heurística "Como me sinto em relação a essa distribuição de bens?". A influência das emoções sobre a percepção de justiça, portanto, pode surgir mesmo em situações nas quais o indivíduo deveria – supostamente - agir mais objetivamente, no sentido de buscar os julgamentos e as respostas mais imparciais possíveis (Kahneman, 2012).

Essa diferenciação entre rotas deliberacionais e rotas heurísticas pode ser comparada com o que Epstein (1994) chama, em seu artigo seminal, de Sistema Experiencial e Sistema Racional ou, ainda, com o que Kahneman (2012) chama de *Sistema 1* e *Sistema 2*. Essa forma de categorizar comportamentos que podem advir de dois tipos de sistemas diferentes é chamada de *processamento dual*. No que tange às contribuições de Epstein e Kahneman, adota-se aqui a contribuição do último, visto que, apesar da importância do trabalho do primeiro para o desenvolvimento das teorias de processamento dual, ele restringe as emoções apenas a um tipo

---

substituído por "Qual é a popularidade do presidente neste momento?"; e assim por diante.

de experiência passiva e orientada à ação imediata, ao passo que, como ilustrado pelo ECG, as emoções têm diferentes níveis de processamento e interação com o sistema cognitivo, podendo, inclusive, apresentar diferentes níveis de controle, duração e relações conceituais e simbólicas. Nesse sentido, o modelo de Kahneman é mais flexível e mais adequado ao ECG. Para o autor, o Sistema 1 é aquele que opera de modo automático e rápido, com pouco ou nenhum esforço e não possui controle voluntário, exatamente como a rota heurística. O Sistema 2 aloca atenção às atividades mentais laboriosas que o requisitam, incluindo cálculos complexos. Esse sistema é associado com a experiência subjetiva das atividades, com o papel fundamental da escolha volitiva e demanda energia e concentração. Portanto, o Sistema 2 reflete o processo ativo de deliberar sobre uma ou mais questões.

Segundo Kahneman (2012), o controle da atenção é compartilhado pelos dois sistemas, sendo que o Sistema 1 está em constante funcionamento, gerando sugestões para o Sistema 2: impressões, intuições, intenções e sentimentos. No entanto, o Sistema 1 é insensível à qualidade e à quantidade de informações. O que importa para ele é a consistência da informação, isso é, a capacidade de "criar uma história" com ela ou estabelecer relações causais, facilitando a coerência e o conforto cognitivo. O Sistema 2, então, pode endossar ou não as sugestões do Sistema 1, fazendo com que as impressões e intuições se tornem crenças ou expectativas e os impulsos se tornem ações voluntárias. O Sistema 2 é responsável pelo autocontrole dos comportamentos e pensamentos, mas, ao contrário do Sistema 1 que está em constante funcionamento, ele é "preguiçoso" e demanda uma energia mental e uma atividade cognitiva elevada quando é utilizado[102]. De toda

---

[102] Kahneman (2012) cita o "Problema da Bola e do Bastão" para ilustrar como o Sistema 2 é preguiçoso e como a resposta intuitiva (e, nesse exemplo, errada) sugerida pelo Sistema 1 é aceita por uma grande quantidade de pessoas. O problema é o seguinte:

forma, esse sistema é fundamental para reduzir os inúmeros vieses de julgamento resultantes do Sistema 1, ainda que isso não implique necessariamente em um aumento de eficiência ou precisão, podendo até ter um efeito contrário em determinadas situações (Gigerenzer e Brighton, 2009).

Sobre esse último ponto, ainda que autores de tradição teórica calcada na economia evolucionária e nos estudos cognitivos como Gerd Gigerenzer, Nathan Berg e Henry Brighton critiquem fortemente a teoria do processamento dual como um instrumento de simplificação teórico não calcado em observações empíricas, também afirmam que as heurísticas não representam um desvio da racionalidade se esta é entendida de um modo ecológico, ou seja, se a definição de um comportamento racional leva em consideração o contexto e as instituições (Gigerenzer e Brighton, 2009; Berg e Gigerenzer, 2010; Gigerenzer, 2015). É necessário ressaltar que a concepção estruturada neste livro discorda do primeiro ponto

---

*Um bastão e uma bola custam juntos 1,10 dólares. O bastão custa 1 dólar a mais que a bola. Quanto custa a bola?*

A resposta imediata e intuitiva que vem à cabeça é de que a bola custa 10 centavos. No entanto, a resposta correta é que a bola custa 5 centavos. Em um experimento com alunos universitários, mais de 50% dos alunos de Harvard, MIT e Princeton deram a resposta intuitiva, ao passo que, em universidades menos seletivas, essa taxa foi maior que 80%. Esse simples exemplo mostra o quanto as pessoas são superconfiantes em suas intuições e nas sugestões do Sistema 1, sendo custoso realizar um esforço cognitivo. Traçando um paralelo com as instituições de justiça, é de se esperar que a não conformidade com as instituições vigentes exija um grande esforço cognitivo (aliado ao esforço do processamento afetivo mais consciente) e uma quebra com a maioria das sugestões do Sistema 1, o que mostra que o custo de alterar essas instituições (em temos de alcançar um compartilhamento social generalizado por novos comportamentos e pensamentos) é elevado e o processo evolutivo se torna relativamente lento dentro de uma cultura específica.

e concorda com o segundo, sem incitar nisso maiores contradições lógicas e tensões que, a princípio, parecem surgir. Assim, vale o esforço de tecer comentários sobre esses pontos.

Quanto ao primeiro deles, isso é, à crítica que os autores fazem à diferenciação analítica do processamento dual, defende-se aqui que essa não é uma tensão que desqualifica o processamento dual como um esforço analítico que ajuda a organizar teoricamente diversas observações empíricas sobre vieses e heurísticas que foram surgindo desde a década de 1970 (Kahneman e Tversky, 1973.a; Kahneman e Tversky, 1973.b; Kahneman e Tversky, 1974). Ainda que se possa levantar questões sobre sua funcionalidade e precisão quanto teoria descritiva, o processamento dual não incita contradições fundamentais a uma teoria baseada em evidências empíricas e aos processamentos cognitivos e afetivos apresentados no ECG, sustentados pelos estudos das ciências cognitivas. Além disso, tanto Biccheri (2006) como Dequech (2013) e Kahneman (2012) apontam que a diferenciação de rotas/sistemas pela qual o indivíduo tem um maior ou menor nível de consciência e deliberação sobre seu comportamento e pensamento serve mais como uma simplificação de análise teórica, até porque, na prática, é provável que essas duas rotas se misturem na maioria das situações, ou mesmo que os comportamentos mais automáticos liberem recursos mentais para fazer outras coisas de uma maneira mais consciente. De todo modo, Louis e Sutton (1991) propõem um esquema no qual as pessoas podem mudar entre um modo automático e um modo consciente, dado um comportamento específico, como pode ser observado na Figura 3.

O objetivo dos autores no artigo é explicar o movimento do ponto 1 (Modo Automático) para o ponto 4 (Modo Consciente). De acordo com eles, os indivíduos "mudam a chave" do modo automático para o modo consciente em três situações: primeiro, caso surja algo novo, único ou que saia fora do que é familiar ou do que já foi experimentado pelo indivíduo; segundo, quando ocorre uma discrepância entre o que é esperado e o que foi realizado, seja por causa de uma falha, seja pelo surgimento de um problema; terceiro, por uma iniciativa de deliberação, como nos casos em que o indivíduo se questiona (ou é questionado) sobre o seu comportamento ou quando resolve "tentar algo novo". Essas explicações são condizentes com os casos específicos de justiça, já que o indivíduo pode deixar de agir de modo automático no que diz respeito às questões distributivas, processuais ou interacionais quando se depara com uma das três situações mencionadas.

Figura 3<br>
Esquema de Mudança Entre Modo Automático e Modo<br>
Consciente

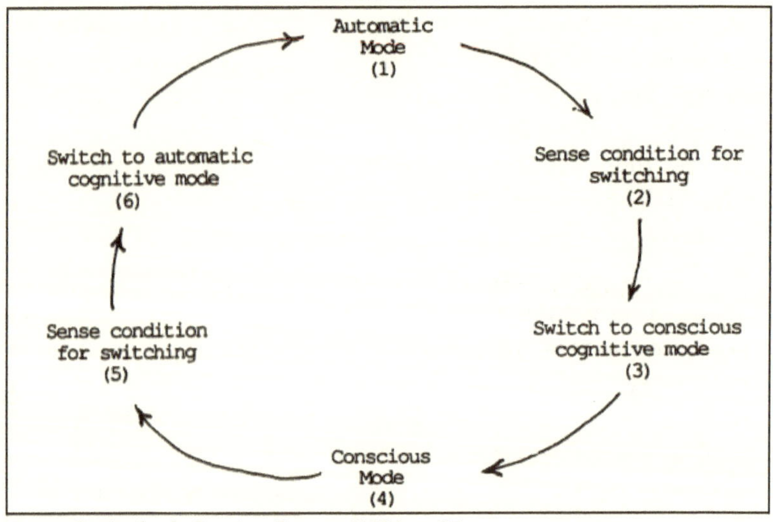


Fonte: Retirado de Louis e Sutton (1991, p.57).

Embora Louis e Sutton (1991) não explorem o restante do ciclo da Figura 3, ou seja, o processo que leva as pessoas a passarem do modo consciente para o modo automático, é de se esperar que esse movimento ocorra justamente pelos motivos contrários aos anteriores: repetição de resultados, realização continua das expectativas e obtenção de sucesso nos

198

objetivos alcançados através do comportamento. Conforme esses comportamentos ou pensamentos vão se repetindo e se tornando socialmente compartilhados, isso é, se tornam de fato instituições, alguns motivos para a conformidade, como a legitimidade e a inevitabilidade (discutidos mais detalhadamente na seção seguinte), também contribuirão para que os indivíduos passem a agir e pensar de modo mais automático[103].

Se o processamento dual não fornece contradições lógicas à estrutura proposta pelo ECG, concordar com a observação de que as heurísticas não devem ser entendidas necessariamente como erros ou como atos de irracionalidade tampouco fornece maiores tensões, sendo compatível com aquilo que é apresentado no esquema. Essa compatibilidade advém basicamente de dois pontos centrais: primeiro, do reconhecimento das influências institucionais sobre o comportamento, o que implica em ambientes que fornecem estímulos particulares à geração das percepções de justiça,

---

[103] Fleetwood (2008) expõe o debate sobre se os hábitos têm prioridade sobre a deliberação como uma causa para a ação das pessoas. Ele apresenta e procura contrapor os argumentos de Geoffrey Hodgson e de Margaret Archer, no qual o primeiro defende que a corrente de causalidade tem um primeiro estágio enraizado nos instintos e hábitos, ao passo que a segunda defende que a causalidade parte da deliberação reflexiva. Apesar de não se propor a resolver definitivamente esse impasse, Fleetwood cita alguns exemplos para mostrar que a causa de uma ação pode ser o hábito, a deliberação ou mesmo uma mistura dos dois modos, o que corrobora a observação de que as rotas deliberacional e heurística muitas vezes se misturam: "Sometimes intention is caused by habit alone, such as the habit of following a particular route to work on "automatic pilot" as it were. Sometimes intention is caused by deliberation alone, such as the decision to take an alternative route when faced with a traffic jam. And sometimes intention is caused by a combination of habit and deliberation, such as the intention to apply for a job. The job seeker may deliberate over whether to apply to company X or company Y, but following gendered habits, may not even consider certain occupations." (FLEETWOOD, 2008, p.11).

criando contextos de decisão complexos e culturalmente delimitados (em outras palavras, isso implica que a racionalidade é ecológica e não axiomática); segundo, do reconhecimento de que os indivíduos são levados a agir sob situações de incerteza procedimental e fundamental, o que faz com que as heurísticas possam ser respostas mais efetivas nesses contextos.

Segundo Gigerenzer e Brighton (2009), é um erro assumir que existe um *trade-off* cognitivo entre precisão e esforço em todas as situações, isso é, de que o esforço de procurar mais informações e realizar processamentos cognitivos mais laboriosos e demorados sempre será melhor do que tomar decisões mais rápidas e frugais. Em determinados contextos, principalmente em situações de elevada incerteza e interações sociais que fornecem diversas sugestões e estímulos, as heurísticas podem levar a inferências mais precisas do que as estratégias ou os algoritmos que usam mais informações e demandam maior energia computacional. Isso significa que existe um ponto no qual mais informações ou uma maior computação se tornam prejudiciais, independentemente do custo associado a eles. Os autores dão um nome a esse princípio: *menos é mais*. Como exemplo, fornecem algumas evidências empíricas, como a heurística *take-the-best*, nos quais os indivíduos escolhem determinado comportamento ou resposta com base em uma diferenciação de situações ou objetos que parte apenas de uma das inúmeras variáveis binárias que os diferenciam. Esse tipo de heurística tem, muitas vezes, um poder de previsão maior do que modelos polinomiais e de regressão múltipla[104].

---

[104] Por exemplo, Gigerenzer e Brighton (2009) citam um estudo em que a informação sobre se o time de futebol de determinada cidade americana pertence (ou não) à *Major League Soccer* (principal campeonato de futebol dos Estados Unidos) é utilizada como a variável de comparação para predizer qual dentre duas cidades tem uma população maior do que a outra. Essa simples heurística *take-the-best* obteve um

Ainda que em termos normativos diversos economistas comportamentais entendam as heurísticas como um desvio de racionalidade – pois entendem a racionalidade como fundamentação axiomática das preferências bem comportadas e maximização da utilidade – que apresenta uma série de vieses e que é passível de concerto via *nudges* e arquitetura de escolhas[105], Gigerenzer e Brighton (2009) demonstram que, ao realizar uma inferência, um estimador viesado pode obter resultados preditivos e assertivos maior do que um não viesado. Os autores mostram que a decomposição do termo de erro evidencia que, caso a variância seja muito elevada, o erro pode ser maior, mesmo que o estimador (comportamento) não apresente vieses:

---

maior poder de previsibilidade do que regressões múltiplas que utilizaram inúmeras variáveis explicativas.

[105] Sobre isso, um dos trabalhos mais influentes na área da Economia Comportamental é o de Thaler e Sunstein (2008). Vale notar que, para além da crítica à teoria do processamento dual, Gerd Gigerenzer critica, juntamente com Nathan Berg, a concepção normativa pela qual a Economia Comportamental se estruturou, não se desprendendo dos axiomas neoclássicos: "Rabin (2002) says psychology teaches about departures from rationality. Diamond (2008) writes that a major contribution of «behavioral analysis is the identification of circumstances where people are making 'mistakes'». Beshears, Choi, Laibson and Madrian (2008) introduce a technique for identifying mistakes, formulated as mismatches in revealed preference versus what they call normative preferences, which refer to preferences that conform to neoclassical axioms. To these writers (and many if not most others in behavioral economics), the neoclassical normative model is unquestioned, and empirical investigation consists primarily of documenting deviations from that normative model, which are automatically interpreted as pathological. In other words, the normative interpretation of deviations as mistakes does not follow from an empirical investigation linking deviations to negative outcomes. The empirical investigation is limited to testing whether behavior conforms to a neoclassical normative ideal" (BERG AND GIGERENZER, 2010, p.147-148).

$$Erro\ Total = (viés)^2 + variância + ruído$$

Dessa forma, ainda que as heurísticas apresentem vieses, isso não implica que possam ser consideradas respostas inferiores ou irracionais em determinadas contingências. De acordo com os autores:

> Our cognitive systems are confronted with the bias–variance dilemma whenever they attempt to make inferences about the world. What can this tell us about the cognitive processes used to make these inferences? First, cognitive science is increasingly stressing the senses in which the cognitive system performs remarkably well when generalizing from few observations, so much so that human performance is often characterized as optimal (e.g., Griffiths & Tenenbaum, 2006; Oaksford & Chater, 1998). These findings place considerable constraints on the range of potential processing models capable of explaining human performance. From the perspective of the bias–variance dilemma, the ability of the cognitive system to make accurate predictions despite sparse exposure to the environment strongly indicates that the variance component of error is successfully being kept within acceptable limits. Although variance is likely to be the dominant source of error when observations are sparse, it is nevertheless controllable. (GIGERENZER AND BRIGHTON, 2009, p.120)

Portanto, ainda que grande parte das heurísticas e seus vieses comportamentais sejam uma resposta de caráter mais automático originada da atuação do Sistema 1, dado o dilema do viés-variância e a concepção de uma racionalidade ecológica, isso não permite uma interpretação normativa direta das heurísticas como falta de racionalidade.

No contexto de justiça, por exemplo, adotar a norma da distribuição igualitária pode ser uma heurística funcional mediante situações novas, incertas ou complexas. Além disso, heurísticas e vieses comumente relacionados aos estudos sobre aversão ao risco, como o *peanuts effect*, também surgem em contextos de justiça distributiva[106] (Michaelson, 2015). Lind (2001) chega a formular o que chama de *Fairness Heuristic Theory* (FHT), que é apoiada em duas suposições básicas: a) de que os julgamentos de justiça servem como uma *proxy* para a confiança interpessoal que guia as decisões sobre quando se comportar de modo cooperativo em situações sociais; b) de que as pessoas usam atalhos cognitivos para garantirem que elas tenham um julgamento de justiça disponível quando elas necessitarem tomar decisões sobre levar a cabo (ou não) um comportamento cooperativo. O autor ressalta dois efeitos particulares aos julgamentos heurísticos de justiça: primazia e substituibilidade. Lind salienta que esses efeitos foram observados originariamente em trabalhos de Psicologia Social, servindo perfeitamente ao que se observa com as questões de justiça. O primeiro deles sugere que os indivíduos necessitam desenvolver percepções de justiça tão logo se inicia uma interação social, de forma que é funcional para eles que os julgamentos de justiça sejam formados de maneira apressada, fazendo com que a primeira informação mais relevante (e saliente, de acordo com o ECG) para a formação das suas percepções seja também aquela responsável por exercer a maior influência. O segundo efeito afirma que, caso haja a falta de informação para a formulação de uma das três dimensões da percepção de justiça, a percepção construída em uma das dimensões sobrepõe a falta da outra. O autor afirma que é por conta desse efeito que os julgamentos nas três dimensões estão correlacionados e podem ser influenciados uns pelos outros.

Baseando-se na FHT, Qin et al. (2015) tentam provar, empiricamente, duas hipóteses. Primeiro, de que há realmente um efeito de substituibilidade, ou seja, de que na falta de informações sobre um dos três tipos de justiça (distributiva,

---

[106] O *peanut effect* mostra que a aversão ao risco/desigualdade de um indivíduo se transforma em propensão ao risco/desigualdade quando as possíveis recompensas se tornam muito baixas.

procedimental e interacional), os indivíduos formam suas percepções de justiça com base em outro tipo de justiça que apresente maior clareza de informação. Segundo, de que pessoas com maior necessidade de um fechamento cognitivo (*cognitive closure*) estão mais propensas a esses efeitos de substituibilidade. Esse fechamento cognitivo diz respeito à necessidade que o indivíduo tem por um conhecimento definitivo e por fugir de ambiguidades e incertezas, ainda que haja falta de evidências conclusivas para formarem seus pensamentos e julgamentos.

Para tentarem mostrar a validade de suas hipóteses, os autores conduziram três estudos:

> In Study 1, we examined whether IJ *(interactional justice)* based on clear information has stronger relations with the other two types of justices when their clarity is low versus high. In this case, our sample comprised assembly-line workers and justice clarity was operationalized with a proxy. In Study 2, we examined the substitutability effects for all three types of justice in a sample of students evaluating the fairness of their academic scholarships. Of importance, justice clarity was measured directly. Studies 1 and 2 both involved field surveys; thus, in Study 3 we utilized a scenario-based experiment to manipulate both the clarity of justice information and whether the information exemplified high or low fairness. This study provided an opportunity to verify our prior results with a robust experimental design and to infer causality. We also examined the moderating role of need for cognitive closure in Study 3 (QIN ET AL., 2015, p.752-753)

No Estudo 1, a *proxy* de claridade do nível de justiça procedimental e distributiva é a idade dos trabalhadores chineses de linha de montagem. Os autores partem do pressuposto de que os trabalhadores da nova geração dão mais ênfase à justiça do que os trabalhadores da velha geração, fazendo-os investirem mais esforço na obtenção de informações relevantes no que diz respeito à justiça procedimental e distributiva. Além disso, os autores pressupõem que as informações de justiça interacional são mais claras para as duas gerações em comparação com os outros dois tipos de justiça. Através de questionários[107], os autores comprovam seus pressupostos e mostram indícios de que a primeira hipótese do estudo é válida: justiça interacional com clareza de informação elevada tem relação mais forte com a justiça procedimental e distributiva quando essas não apresentam elevada clareza de informações. Ou seja, a justiça interacional foi usada como uma heurística de substituição para julgar os outros tipos de justiça e esse efeito foi maior para gerações mais velhas. Contudo, esse estudo apresentou alguns pontos de atenção. Embora a geração de trabalhadores covarie com a clareza da justiça procedimental e distributiva, a geração não é uma *proxy* ideal pois está distante de uma noção de clareza de informação e não consegue separar a clareza dos dois tipos de justiça em variáveis distintas. Além disso, a amostra apresentou um número desproporcionalmente elevado de trabalhadores da nova geração (87%) e uma baixa variância na percepção que os trabalhadores tiveram sobre as justiças procedimentais e distributivas.

No Estudo 2, os autores enviaram questionários para estudantes de graduação chineses[108] onde esses deveriam responder, em uma escala de 1 (discordo totalmente) a 5 (concordo totalmente), afirmações referentes às suas percepções das três dimensões de justiça em relação às suas bolsas de estudo. Através desse questionários, os autores também construíram escalas de clareza de informação para os três tipos de justiça. Como resultado, observaram, assim como

---

[107] 4.000 questionários foram distribuídos e 2.232 retornaram com respostas válidas, sendo 55% das respondentes mulheres, uma média de idade de 24,7 anos e uma média de experiência no trabalho de 2,2 anos.
[108] O número de questionários finais válidos foi de 242, sendo 53% das respondentes mulheres e uma média de idade de 21 anos.

no Estudo 1, que os indivíduos parecem depender mais da justiça com maior clareza de informação para inferir e formar suas percepções sobre os tipos de justiça cuja informação seja mais ambígua.

Finalmente, os autores realizaram um terceiro estudo, no qual 133 empregados em diferentes organizações (todos eles ex-alunos de uma mesma universidade chinesa) responderam a um questionário sobre a percepção de justiça que tinham em determinados cenários de alocações de bônus anuais[109]. Antes de responderem essas questões, também tiveram que responder à algumas afirmações em uma escala de 1 (discordo fortemente) a 6 (concordo fortemente) referentes às suas necessidades de fechamento cognitivo[110]. Através de regressões multivariadas, os autores observaram que nos cenários em que a clareza de informação de determinado tipo de justiça era elevada e o nível desse tipo de justiça também era, o nível de percepção dos outros dois tipos de justiça também era maior. Além disso, a necessidade de fechamento cognitivo também se mostrou um mediador importante entre os diferentes tipos de justiça: para quase todos os casos, os efeitos de substituibilidade, ou seja, a correlação positiva entre

---

[109] Pela participação, os participantes foram recompensados com um crédito de celular pré-pago de US$5,00. 39% deles eram mulheres, com média de idade de 24 anos, média de 2 anos de experiência e 99% deles com diploma de bacharelado ou com um nível de formação mais elevado. Os cenários eram diferenciados no que diz respeito à clareza de informação de justiça e, para os tipos de justiça cuja informação era clara, variava-se o próprio nível de justiça. Assim, no total, foram apresentados 6 diferentes tipos de cenários: clareza de informação apenas da justiça distributiva em um cenário em que esse tipo de justiça é alto e outro em que é baixo; clareza de informação apenas da justiça procedimental em um cenário em que esse tipo de justiça é alto e outro em que é baixo; clareza de informação apenas da justiça informacional em um cenário em que esse tipo de justiça é alto e outro em que é baixo.
[110] Por exemplo: "I think that having clear rules and order at work is essential to success" e "I do not like situations that are uncertain" (Qin et al., 2015).

as percepções nas três dimensões de justiça, foram maiores para os indivíduos com maiores níveis de necessidade de fechamento cognitivo.

Portanto, como foi mostrado ao longo deste livro e das evidências experimentais aqui expostas, de fato há uma elevada correlação entre a justiça distributiva, procedimental e interacional, visto que os processos cognitivos e afetivos de construção dessas percepções são os mesmos, muitas vezes sendo difícil separar os efeitos específicos das preferências sociais, expectativas e emoções sobre as diferentes esferas de justiça. Adicionalmente, verifica-se o papel relevante das heurísticas na construção das percepções de justiça, sem que essa seja necessariamente interpretada como um desvio de racionalidade.

## 5.2 Motivos para a conformidade

Tomando como ponto de partida as situações em que o indivíduo delibera ou utiliza mais conscientemente seus recursos mentais para determinar seu comportamento e pensamento, é de suma importância compreender quais motivos levam as pessoas a se conformarem com as instituições vigentes. Os pontos que serão ressaltados aqui se baseiam amplamente nos argumentos de Dequech (2013). Embora esse autor apresente explicações sobre a conformidade dos agentes com as instituições em geral, e não apenas sobre a conformidade com normas e convenções de justiça, sua análise é válida para esse caso em particular, quase sempre sendo possível extrair exemplos específicos de um argumento geral.

Uma primeira motivação é a possibilidade de se coordenar com as outras pessoas, gerando resultados sociais mais positivos do que caso não houvesse uma coordenação. As convenções são um caso particular em que a coordenação é extremamente útil. Por exemplo, obedecer uma fila é um tipo de convenção de justiça que depende que as pessoas se coordenem entre si, gerando um tipo de procedimento organizado e, na maioria das vezes, percebido como justo[111]. Aliado aos benefícios da coordenação, pode existir a vantagem de retornos crescentes de adoção. Embora esse tipo de vantagem esteja geralmente associado na literatura econômica à utilização crescente de determinado bem ou tecnologia, a adoção crescente de regras de comportamentos (formais ou informais) e pensamentos dentro de um grupo social atua como um mecanismo que se auto reproduz. Também é possível notar uma conexão entre esse mecanismo e a ideia de expectativas autorrealizáveis, sendo que o objeto de adoção pode ser ele mesmo uma expectativa ou um modelo para gerar expectativas. Isso é, à medida em que se espera que uma opinião ou pensamento ganhe mais apoiadores, mais tende a realmente ganhar apoiadores e se tornar um pensamento médio ou mesmo uma convenção (Dequech, 2013).

Dequech (2013) destaca que os retornos crescentes de adoção têm sido associados, ainda que implicitamente, com a noção de interesse próprio e egoísmo estrito. Ele aponta que isso não é sempre assim, visto que o bem-estar do indivíduo pode depender do bem-estar dos outros ou que uma pessoa pode aderir a uma regra coletiva por considerar isso benéfico para a sociedade como um todo. Essa observação de Dequech não só é compatível como, para inúmeras situações, necessária no que diz respeito aos retornos crescentes de adoção de normas ou convenções de justiça, visto que, a menos em casos extremos nos quais o indivíduo seja realmente um egoísta estrito, o bem-estar alheio é levado em consideração pelas pessoas através de suas percepções de justiça. Um exemplo de retorno crescente de adoção de uma norma de justiça pode ser

---

[111] Alguns podem achar outros procedimentos mais justos em algumas situações específicas (e.g. sorteio, atendimento por prioridade ou necessidade).

visto no caso de investimento em bens públicos. Geralmente, é possível obter retornos maiores de um investimento (com o mesmo risco) quanto maior for o montante aplicado. Assim, em uma situação em que as pessoas de uma sociedade acham justo contribuir para um bem público, é mais provável que esse bem seja construído com um menor custo ou mais rápido (em uma escala de aumento não linear, ou seja, retornos crescentes) caso todos contribuam com ele. A adoção dessa norma, então, contribui para reforçar sua adoção em situações futuras.

Outro motivo que pode levar um agente a se conformar com uma instituição são as diferenças informacionais. Um indivíduo pode acreditar que outras pessoas têm mais informações do que ele e, portanto, adotar o comportamento ou pensamento dessas pessoas. Experimentos de justiça como os de Bicchieri e Xiao (2009) e Weiss et al. (1999) tentam verificar esse tipo de influência. A percepção de incerteza e a aversão à incerteza também podem influenciar o indivíduo a se conformar com as instituições, dado que a adoção de opções alternativas de comportamento ou pensamento usualmente trazem consigo um maior nível de incerteza, mesmo que prometa uma recompensa maior (Dequech, 2013).

A legitimidade de uma instituição é um fator importante para a conformidade. De acordo com Dequech (2013), a legitimidade pode ser entendida como uma compatibilidade, socialmente aceita, com certos valores. A legitimidade implica naquilo que é considerado certo e apropriado de acordo com esses valores e que permanece inquestionável ou sobrevive a críticas e dúvidas de legitimidade. Dequech afirma que há vários tipos de legitimidade, como as legitimidades política, moral e epistêmica. A primeira diz respeito a valores como civismo, democracia, liberdade, igualdade, justiça social e representatividade. Valores como igualdade, democracia e justiça social estão diretamente relacionados à percepção de justiça dos indivíduos, seja no sentido da justiça distributiva ou procedimental. Conceitos como civismo, liberdade e representatividade, por sua vez, estão atrelados à noção de *agency*, podendo influenciar também nas percepções de justiça. Da mesma forma, valores como justiça e honestidade, que fazem parte de uma legitimidade moral, também influenciam a percepção de justiça (o primeiro por definição e o segundo porque a desonestidade costuma trazer consigo uma percepção de injustiça com aqueles que agem de maneira honesta). Vale dizer que a linha que delimita a legitimidade política da legitimidade moral é muito tênue, de modo que, muitas vezes, é difícil separar os valores que compõem cada tipo de legitimidade. Por fim, uma instituição tem uma legitimidade epistêmica se apresenta valores compatíveis com as evidências empíricas, consistência interna, rigor e relevância. Bicchieri (2006) cita, por exemplo, que um indivíduo pode seguir uma norma se aceita as expectativas normativas dos outros como sensatas e bem fundamentadas, sendo que, caso esse indivíduo queira fazer algo contrário a essas expectativas, deve justificar suas ações não apenas para os outros, mas para si mesmo, apresentando razões consistentes.

Dequech (2013) ressalta que a legitimidade pode ser interpretada de modo não instrumental ou instrumental. O primeiro caso se aplica às situações em que os agentes seguem as regras institucionais por dever, obrigação, por serem vistas como apropriadas ou certas, sendo que a internalização de uma instituição não está ligada às consequências. O segundo caso também pode ser aplicado à internalização e à presença de um senso sobre o que é entendido como o correto a ser feito, mas também envolve objetivos e sanções internas, como evitar sentimentos negativos ou gerar sentimentos positivos. Uma outra maneira no qual a legitimidade pode ser interpretada de maneira instrumental tem origem na *economia das convenções*[112] e

---

[112] A economia das convenções é uma abordagem de origem na França, país em que é uma das principais correntes heterodoxas em economia.

é uma combinação dos argumentos de legitimidade e coordenação. A ideia é que o sucesso da coordenação de diferentes indivíduos requer que eles se preocupem com entidades coletivas das quais eles fazem parte e que eles compartilhem uma representação associada com um funcionamento satisfatório das relações entre eles. Percebe-se que esse modo de interpretação é resultado de uma percepção de legitimidade compartilhada pelos indivíduos que se conformam e envolve um tipo não egoísta de interesse próprio.

Outra explicação para a conformidade é que a adoção de uma regra (ou um conjunto de regras) de pensamento ou comportamento adotada por muitas pessoas pode contribuir para que essa regra seja vista como natural ou inevitável. Nessa situação, as pessoas nem mesmo consideram a busca por alternativas e novas opções (Dequech, 2013). O direito ao voto é um exemplo desse caso, pois possui não só uma legitimidade, mas também uma naturalidade institucional em diversas sociedades, servindo de base para a promoção de uma justiça procedimental. Do outro lado do espectro, Dequech lembra que a falta de poder ou de recursos pode bloquear mudanças institucionais, mesmo considerando que as alternativas não sejam apenas possíveis e imagináveis, mas também preferíveis para uma parte da sociedade. Um exemplo macroeconômico para essa situação poderia ser o caso em que uma parte da população quer mudar uma política de transferência de renda por perceber uma alternativa como sendo mais justa, mas não ter poder para pressionar os políticos.

A dimensão de uma interação social (isso é, o nível de anonimato ou escrutínio dos indivíduos) também é um parâmetro que influencia na decisão de o indivíduo se conformar ou não com uma norma social. Frey e Bohnet

---

Estuda em particular o papel das convenções na coordenação entre as pessoas e a importância da percepção de legitimidade para uma coordenação bem-sucedida.

(1995) realizaram um experimento com o Jogo do Ditador em três cenários diferentes: no primeiro, o jogador que deveria decidir sobre a distribuição (alocador) e o outro jogador (*dummy*) não eram identificados em nenhum momento, conferindo um status de total anonimato; no segundo, os dois jogadores mantinham contato visual, mas não podiam se comunicar, conferindo um status de identificação; no terceiro, os dois jogadores podiam conversar durante 10 minutos. Considerando uma norma distributiva igualitária como referência para esse experimento, observou-se que os indivíduos seguiram essa norma apenas no segundo e no terceiro cenário, sendo que os alocadores ficaram, em média, com 75% dos recursos no primeiro cenário. Embora o estudo não explicite o motivo originário dessa mudança de atitude dos indivíduos de acordo com a dimensão da interação, isso talvez mostre que o elevado grau de anonimato contribua para evitar o surgimento de sanções internas ou de emoções negativas. Para os casos de identificação visual do jogador *dummy* ou da possibilidade de conversa entre os jogadores, é possível pensar que esse contato (ainda que visual, no primeiro caso) funcione como um estímulo que imprime um *script* de uma interação mais cooperativa e gere um senso de obrigação de seguir a norma de divisão igualitária, sendo que uma atitude mais egoísta ocasionaria um sentimento de culpa. Ressalta-se que, nesse experimento, não havia nenhuma possibilidade de sanção externa.

Finalmente, é necessário ressaltar que os indivíduos podem se conformar com as instituições vigentes seja por temerem sanções sociais negativas - caso sejam contrários a essas instituições -, seja por receberem recompensas ao se conformarem com elas. Os experimentos de justiça mostram claramente esse tipo de situação. Um exemplo é o comportamento dos agentes no Jogo do Ultimato, no qual os proponentes da divisão que são considerados muito egoístas são punidos pelos respondentes, fazendo com que eles proponham uma divisão mais igualitária. Da mesma forma, é possível observar alguma recompensa para aqueles que não desviam da norma distributiva.

## 5.3 Da teoria à prática: duas evidências sobre a desigualdade

A análise das instituições e dos motivos para a conformidade encerram as análises pormenorizadas das regiões do ECG, já que, a partir desse ponto, o comportamento individual, seja ele conformista ou não, gerará um outro estímulo no ambiente, que, por sua vez, poderá ser percebido por outro indivíduo, dando início a um novo ciclo de influências.

Embora a contribuição deste livro seja fundamentalmente teórica, é de se esperar que a tentativa de elaborar uma teoria que reflita de modo mais realista como são formados os pensamentos e comportamentos das pessoas, reconhecendo também a presença e a influência das instituições de justiça, ajude a fornecer indícios para o desenho de políticas públicas benéficas para a sociedade[113]. Um exemplo que se relaciona diretamente com as instituições e as percepções de justiça distributiva de uma sociedade são as políticas de distribuição de renda ou de provisão de uma renda mínima para os mais pobres. O sucesso e o apoio social a esse tipo de política passam não apenas por questões de eficiência técnica, mas também pelo entendimento do que a sociedade, em geral, quer e espera desse tipo de política e como ela percebe a desigualdade. Assim, entender como as instituições de justiça vigentes influenciam o comportamento e o

---

[113] Embora seja uma discussão complexa definir o que é uma política pública boa ou benéfica, é de se esperar que, ao menos na grande maioria dos casos, essa política alcance resultados que vão ao encontro às preferências, expectativas e sentimentos da maioria da população, sem deixar de lado os aspectos morais e éticos.

pensamento dessas pessoas pode ajudar a formular uma política mais assertiva.

Nesse sentido, o relatório elaborado por Bamfield e Horton (2009) é um exemplo de um esforço para entender melhor a percepção da sociedade em relação às políticas de bem-estar social e desigualdade econômica no Reino Unido, servindo como uma ilustração da importância dos diversos fatores contidos no ECG. Os dados e informações utilizados para a confecção do relatório foram coletados de sessões de discussão, *survey* e *workshops* realizados pelos autores[114]. Dentre as constatações e evidências apresentadas no relatório, algumas refletem diretamente questões específicas que foram discutidas ao longo deste livro e estão presentes no ECG:

- A maioria dos participantes adotam, em alguma medida, uma norma de justiça equitativa, no qual percebem as desigualdades de renda entre duas pessoas/grupos como mais

---

[114] Sobre a metodologia e os participantes do estudo: "The project used a three-stage research design combining deliberative and more traditional research methods. At the outset, three exploratory focus groups were used to explore ideas, test language and refine working hypotheses in order to formulate subsequent stimulus material. The main body of the research comprised eight deliberative focus groups to test responses to a large range of stimulus material: five three-hour focus groups (with eight participants each) and three full-day deliberative workshops (with 16 participants each). These were undertaken between July 2008 and January 2009 in four cities across the UK. The participants for all these groups were aged between 25 and 65, and drawn from the full range of socio-economic positions (A, B, C1, C2, D and E), with a broad range of political affiliation or party identification (though avoiding the 'extremes'). This deliberative work was then complemented by survey research to provide quantitative data representative of the GB population. The fieldwork was undertaken in two stages: a first survey between 28 November to 1 December 2008, with a sample size of 2,044 adults; and a second survey between 3 to 5 February 2009, with a sample size of 3,316 adults. For both surveys, the figures were weighted and are representative of all GB adults (aged 18 and over)." (BAMFIELD AND HORTON, 2009, p.10)

ou menos justa dependendo do merecimento e do esforço de cada pessoa/grupo.

- As crenças sobre o merecimento são influenciadas por percepções e estratégias cognitivas que parecem gerar avaliações com um viés positivo em relação às rendas elevadas. Isso reflete tanto uma percepção errada da distribuição de renda (reflexo de crenças equivocadas de que salários elevados são mais comuns do que de fato são) quanto uma tentativa de redução da dissonância cognitiva, na qual os participantes exageram ou até mesmo inventam méritos para explicar e justificar a distribuição de renda observada.

- As atitudes e percepções dos participantes em relação às pessoas mais pobres são mais negativas e punitivas do que em relação àqueles que estão no topo da escala de distribuição de renda. Isso porque, em média, as pessoas parecem se sustentar apenas em estereótipos negativos (portanto, em determinadas categorias e *schemas* bem definidos) para descrever os mais pobres, atribuindo a eles uma responsabilidade individual e culpa por sua situação econômica, ao passo que os mais ricos são vistos através de estereótipos negativos ou positivos[115]. A presença de duas visões de mundo amplamente difundidas parece sustentar esse

---

[115] Por exemplo, foram apresentadas duas situações hipotéticas de *free-rider* aos participantes: na primeira, uma pessoa engana o Estado ao receber benefício-desemprego enquanto recusa vagas de empregos disponíveis; na segunda, uma pessoa rica não paga os impostos devidos, mesmo usufruindo dos bens e serviços públicos. A reação das pessoas em relação a esses dois casos é bem diferente, com a visão de estereótipos negativos para os pobres e estereótipos negativos ou positivos para os ricos. No primeiro caso, os pobres geralmente são vistos como os únicos culpados pela situação, ao passo que, no segundo caso, a culpa pela evasão fiscal é dividida entre os ricos e o governo, que é visto como ineficiente.

tipo de atitude em relação aos mais pobres: primeiro, há uma clara preferência por reciprocidade aliada a uma visão de que os mais pobres ou aqueles que recebem benefícios sociais do governo não fazem (ou não farão) uma retribuição de volta para a sociedade; segundo, existe uma noção de que há oportunidade de ascensão para todos, resultando em uma explicação da pobreza que é mais individual do que estrutural e social, além de culminar em uma percepção de que há justiça procedimental nesse sentido. A Tabela 8 ilustra as crenças sobre oportunidades e mobilidade social compartilhadas pela maioria dos britânicos.

Assim como Bamfield e Holton (2009), o estudo de Sachweh (2011) também procurou identificar, através de entrevistas[116], alguns comportamentos e pensamentos socialmente compartilhados a respeito da desigualdade econômica na Alemanha. Os tópicos do guia da entrevista incluíam as percepções gerais e factuais sobre a desigualdade na Alemanha, bem como suas causas, a análise dos entrevistados de acordo com sua posição relativa (e das demais pessoas) dentro da sociedade e a percepção em relação às

---

[116] Sobre a metodologia da entrevista: "With regard to people from privileged classes (interviews B-1 to B-6 and D-1 to D-4), the sample includes five employees of the higher service class and five self-employed professionals. Concerning people from disadvantaged classes (interviews A-1 to A-4 and C-1 to C-6), the sample includes two skilled manual workers, four lower-grade routine non-manual employees (three of whom were receiving supplementary social assistance), three long-term unemployed persons and one housewife. The average age of this sample is 46.5 years (...), and one respondent (A-2) is a second generation immigrant. Members of the middle class were deliberately excluded from the sample because higher - and lower - class respondents were expected to have a higher need for legitimizing and rationalizing their socio-economic position. Quantitative analyses based on data from the German General Social Survey (ALLBUS) in 2004 (not shown here) support this expectation. (...) The interviews lasted between 60 and 120 min, were fully recorded and transcribed verbatim." (SACHWEH, 2011, p.425-427)

consequências da desigualdade. Os resultados da pesquisa indicaram que as pessoas reconhecem uma norma social equitativa, a qual permite aos entrevistados, por razões não só normativas, mas também funcionais, explicar e aceitar parte da desigualdade econômica a partir da noção de mérito, inclusive com um teor moral[117]. No entanto, observou-se que há um limite inferior e superior para esse tipo de explicação, já que as pessoas foram críticas em relação às condições de pobreza e riqueza.

Em relação à pobreza, os entrevistados ressaltaram suas consequências negativas, tanto no aspecto material, prejudicial à autonomia individual, quanto no aspecto emocional e psicológico, como a presença de uma baixa autoestima e o surgimento de sentimentos de frustração e impotência. Em relação à riqueza, o problema é centrado no caráter de ostentação ou do uso irresponsável dessa riqueza. Portanto, há uma percepção geral de injustiça em relação aos dois extremos da escala distributiva, dado que tanto os mais pobres quanto os mais ricos divergem, cada um a seu modo,

---

[117] A razão funcional surge da percepção de que a desigualdade de renda reflete mecanismos de incentivos e compensação que são positivos para a sociedade. Por exemplo, alguns entrevistados afirmaram que uma remuneração mais elevada para ocupações mais "difíceis" ou "importantes" é um mecanismo necessário para motivar as pessoas a assumir esses cargos ou, ainda, é uma compensação pelos custos de treinamento ou tempo despendido em adquirir uma educação formal. No que diz respeito ao teor moral, algumas respostas dos entrevistados explicitam isso: "For instance, a 40-year-old female personnel consultant argued that 'different achievements *should* be rewarded differently' and that 'you should be *allowed* to keep the bonus you earn' (D-2, emphasis added) — a view shared by members of the working classes. A 26-year-old skilled worker explained that 'somebody who accomplishes a lot and who does a complex job should be paid accordingly. Somebody doing a simple job should be paid less. That's just the way it is; it's fair' (A-2). Hence, differences in income are regarded as a moral imperative and therefore justified." (SACHWEH, 2011, p.428)

do padrão de vida aprovado e considerado socialmente aceito. Um outro diagnóstico observado por Sachweh é de que os entrevistados se importam com a justiça procedimental e utilizam esse tipo de percepção de justiça para analisar a legitimidade dos arranjos sociais. No entanto, ele ressalta que a justiça dos processos parece ser uma condição necessária, mas não suficiente, para a obtenção dessa legitimidade. Sachweh conclui sua análise afirmando que a desigualdade econômica é aceitável desde que as pessoas tenham a impressão de que pertencem ao mesmo mundo social, tornando-se inaceitável a partir do momento em que o modo de vida de determinados grupos diverge em uma dimensão que acelera a segregação desse mesmo mundo social.

Tanto o estudo de Bamfield e Horton (2009) quanto o de Sachweh (2011) permitem vislumbrar, na prática, como os elementos do ECG estão presentes na percepção de justiça das pessoas para além das evidências trazidas pelos experimentos de laboratórios. Mais do que isso, as entrevistas e discussões permitiram observar deliberações de justiça que passam por questões morais e de legitimidade, salientando as diferenças institucionais e suas influências em diferentes sociedades, bem como mostrando que as percepções de justiça não podem ser explicadas meramente através de um aparato teórico sustentado pelos pressupostos neoclássicos, em que essas percepções e os comportamentos resultantes são definidos apenas por cálculos de custo/benefício e maximização da utilidade de modo perfeitamente racional.

## Tabela 8
### Percepções dos britânicos sobre oportunidades e mobilidade social

Question: "Thinking about people's chances of doing well in life, at school and at work, how much do you agree or disagree with the following statement?"

| | Agree (%) | Neither agree nor Disagree (%) | Disagree (%) |
|---|---|---|---|
| There are generally good opportunities in Britain today for people from all social groups and all backgrounds | 55 | 17 | 26 |
| Opportunities are not equal in Britain today, but there is enough opportunity for virtually everyone to get on in life if they really want to. It comes down to the individual and how much you are motivated | 69 | 14 | 14 |
| Many people are disadvantaged because of their background, and have to work much harder than others of equal basic talent to overcome the obstacles they face | 55 | 21 | 22 |
| Many people are severely disadvantaged because of their background, and find it impossible, however hard they work, to overcome the obstacles they face | 30 | 24 | 44 |

Fonte: Retirado de Bamfield e Holton (2009, p.24).

# Algumas Considerações Finais

O objetivo deste livro foi construir um modelo teórico que desse conta de sintetizar e relacionar alguns conceitos e evidências experimentais relativas à justiça que foram expostas dentro da literatura, mas que, até o momento, permaneciam como contribuições esparsas e desconexas. Partindo-se da ontologia monista e bimodal e de um realismo epistemológico, dos quais a economia evolucionária naturalista é tributária, foi possível construir um Esquema Circular Geral no qual os indivíduos percebem os estímulos do ambiente e os processam através de mecanismos cognitivos e afetivos, que, por sua vez, determinam os três fatores constitutivos da percepção de justiça e da formação do pensamento e comportamento dos indivíduos: preferências; expectativas e crenças; emoções. Esses pensamentos e comportamentos são responsáveis, então, por contribuir para a manutenção, destruição ou criação das normas e convenções de justiça. Encerrando o ciclo, e dando início a outro, a observação desses comportamentos gera um novo estímulo no ambiente, que, novamente, é percebido por outros indivíduos.

A proposta teórica exposta aqui contribuiu para a discussão de quão abrangente e fiel à realidade observável são os pressupostos neoclássicos que levam à concepção de uma racionalidade perfeita, axiomática e fundamentada na maximização da utilidade individual. No que diz respeito à análise das interações sociais mais intrincadas, como aquelas nas quais surgem questões relacionadas à percepção de uma justiça distributiva, procedimental ou interacional, é possível afirmar, com um certo conforto, que representar e descrever teoricamente o comportamento do ser humano através desses pressupostos está muito aquém do que é evidenciado pelas constatações empíricas, confirmando uma limitação da abrangência desses pressupostos. Sob uma racionalidade limitada e ecológica, a influência das normas e convenções de justiça, bem como a influência do contexto, são responsáveis por determinar emoções, expectativas e preferências sociais que trazem à tona pensamentos e comportamentos muito diferentes daqueles previstos pela teoria neoclássica.

Uma contribuição teórica adicional deste livro é aliviar possíveis tensões existentes entre diferentes vertentes da ciência econômica. De modo mais específico, utilizou-se contributos da economia evolucionária, economia institucional e economia comportamental e experimental. Os estudos institucionalistas e comportamentais se assentam muito bem sobre as bases ontológicas e epistemológicas evolucionárias, pois trazem contribuições relativas ao ambiente físico e social, bem como permitem uma análise não só da ação, como da mente. Esses estudos também deixam espaço para mudanças e aprendizados ao longo do tempo, em uma interação de mão dupla entre os fatores individuais – preferências, expectativas e emoções – e os fatores sociais – instituições. Portanto, defende-se aqui que generalizar uma ideia de incompatibilidade entre essas diferentes abordagens é um equívoco, dado que há uma clara complementaridade entre elas.

Diante dessas observações, um simples exemplo ajuda a ilustrar e a compreender melhor a contribuição teórica do ECG: suponha que um indivíduo é influenciado pela constatação da não adoção de uma norma de justiça por outra pessoa, sendo, posteriormente, tomado por emoções negativas que suscitam expectativas pessimistas e preferências sociais menos altruístas, levando, por fim, a um comportamento não cooperativo e que advém de uma heurística afetiva, com resultados materialmente prejudiciais ao próprio indivíduo. Esse é um cenário que dificilmente seria explicado por modelos erigidos sobre os pressupostos neoclássicos. Primeiramente, talvez nem mesmo fosse reconhecida a presença de uma instituição de justiça ou suas possíveis influências para além de um caráter restritivo. Se fosse reconhecida, o máximo que poderia ser argumentado dentro deste quadro teórico é que esse indivíduo estaria buscando criar uma reputação para aumentar o nível de cooperação em situações futuras (exigindo uma condição adicional de que essa situação envolve uma interação com repetição), ou que ele possui alguma restrição que o obriga a se comportar assim, ou que ele é um sádico e também obtém utilidade ao prejudicar os outros, ou, em última instância, que ele é um louco. No entanto, os diversos experimentos tratados aqui mostram que esse tipo de comportamento pode ser corriqueiro e é um reflexo da percepção e influência de uma norma de justiça que, ao não ser seguida, gera um estímulo processado pelos sistemas cognitivos e afetivos, definindo emoções, preferências e expectativas específicas, resultando em um comportamento que pode ser muito diferente do previsto por um modelo neoclássico. Tão importante quanto isso, é reconhecer que esse tipo de comportamento traz dimensões morais e expectativas normativas que vão para além do que se consegue explicar com os pressupostos neoclássicos e, mais do que isso, que dificilmente pode ser classificado como irracional, dada a interação orgânica entre a mente e o ambiente físico e social.

Depreende-se desse exemplo e da teoria que foi desenvolvida ao longo deste texto que os pressupostos e o arcabouço teórico usualmente utilizados na literatura econômica não dão conta de explicar alguns tipos de comportamentos e de entender algumas situações sociais relevantes, fazendo-se necessário uma maior abertura da teoria econômica para incorporar alguns conceitos e contribuições de outras disciplinas, principalmente das ciências cognitivas. Essa é uma contribuição adicional central deste texto, já que se procurou utilizar aqui uma gama variada e interdisciplinar de referências que ajudassem a construir uma teoria econômica que refletisse um ser humano com comportamentos e pensamentos mais condizentes com o que se observa em uma realidade imbuída de instituições de justiça. Assim, mesmo que a modelagem e os pressupostos amplamente utilizados dentro da teoria neoclássica tenham como virtude o potencial de simplificação analítica, não se pode empregar essas mesmas ferramentas para qualquer tipo de análise, especialmente para as situações que apresentam uma elevada interação entre indivíduos e instituições.

As contribuições que este livro procura fornecer não exaurem todas as dúvidas já existentes, muito menos esgotam as possibilidades de pesquisas futuras dentro do recorte temático aqui trabalhado, pelo contrário, elas ampliam o leque de questões a serem debatidas e investigadas, embora mudando o foco usualmente colocado sobre as abordagens teóricas e metodológicas comuns à economia neoclássica. Uma possível contribuição futura é procurar ampliar e desenvolver estudos empíricos que tentem evidenciar, na prática, as contribuições teóricas aqui expostas, dado que entender o mecanismo de formação das percepções de justiça e o comportamento da sociedade em relação às questões de justiça é um passo fundamental para desenhar políticas públicas mais assertivas, como programas de redistribuição de renda. Uma segunda contribuição seria ampliar as evidências experimentais sobre a importância relativa das três dimensões de justiça, tema esse que tem sido trabalhado quase que com exclusividade apenas pela literatura de justiça organizacional. Embora as relações dentro de organizações já sirvam como evidência da importância das justiças distributiva, procedimental e interacional, verificar como essas diferentes percepções variam em outros ambientes físicos e institucionais ajudaria a montar um quadro de evidências mais robusto, podendo, inclusive, permitir o surgimento de novas nuances e pontos que ainda não foram observados. Uma terceira agenda de pesquisa extremamente relevante que se depreende do que foi exposto aqui é a tentativa de incorporar as questões afetivas, emocionais e heurísticas na teoria econômica. Esses são fatores comumente deixados de lado ou, quando levados em consideração, diretamente associados com um comportamento irracional. Contudo, diante de um esforço interdisciplinar entre a economia e as ciências cognitivas, já é possível perceber uma gama de evidências que mostram a influência das emoções nas interações econômicas e sociais, bem como o papel fundamental das heurísticas em ambientes de elevada complexidade informacional e de incerteza. Dado que dessas interações complexas ocorrem movimentos bidirecionais de influências entre os indivíduos e as instituições e que, por isso, o conceito de racionalidade só faz sentido caso seja definido a partir de uma dimensão mais ecológica do que axiomática, as emoções e as heurísticas não podem, *a priori*, serem associadas diretamente a um comportamento irracional.

Seja qual for a agenda de pesquisa a ser seguida, ainda é necessário uma evolução da teoria econômica e um grande esforço de pesquisa para que se possa compreender melhor a relação do ser humano com o ambiente institucional complexo em que ele está inserido, sendo cada vez mais importante abrir a "caixa de ferramentas" usual da teoria econômica e incorporar novos conceitos e metodologias.

# Referências Bibliográficas


Aarts, H., Verplanken, B., van Knippenberg, A. (1998), Predicting Behavior From Actions in The Past: Repeated Decision Making or a Matter of Habit? *Journal of Applied Social Psychology*, Vol.28(15), 1355-1374.

Alesina, A., Di Tella, R. and MacCulloch, R. (2004), Inequality and Happiness: are Europeans and Americans different? *Journal of Public Economics*, Vol.88, 2009-2042.

Almås, I., Cappelen, A., Sørensen, E., Tungodden, B. (2010), Fairness and Development of Inequality Acceptance. *Science*, Vol.328, 1176-1178.

Alvi, E. (1998), Fairness and Self-Interest: An Assessment. *Journal of Social-Economics*, Vol.27(2), 245-261.

Anand, P. (2001), Procedural Fairness in Economic and Social Choice: Evidence From a Survey of Voters. *Journal of Economic Psychology*, Vol.22, 247-270.

Andreoni, J. (1995), Cooperation in Public-Goods Experiments: kindness or confusion? *The American Economic Review*, Vol.85(4), 891-904.

Andreoni, J., Brown, P. M., Vesterlund, L. (2002), What Makes an Allocation Fair? Some Experimental Evidence. *Games and Economic* Behavior, Vol.40, 1-24.

Augoustinos, M. and Walker, I. (1995), *Social Cognition: An Integrated Introduction*, (2 ed.), London: SAGE.

Babcock, L. and Loewenstein, G. (1997), Explaining Bargaining Impasse: The Role of Self-Serving Biases. *Journal of Economic Perspectives*, Vol.11(1), 109-126.

Bamfield, L. and Horton, T. (2009), *Understanding Attitudes to Tackling Economic Inequality*. In: York: Joseph Rowntree Foundation.

Barclay, L., Skarlicki, D., Pugh, S. (2005), Exploring the Role of Emotions in Injustice Perceptions and Retaliation. *Journal of Applied Psychology*, Vol.90(4), 629-643.

Baumol, W. J. (1982), Applied Fairness Theory and Rationing Policy. *The Amercian Economic Review*, Vol.72(4), 639-651.

Benz, M. and Meier, S. (2008), Do People in Experiments as in the Field? Evidence From Donations. *Experimental Economics*, Vol.11(3), 268-281.

Berg, N. and Gigerenzer, G. (2010), As-If Behavioral Economics: Neoclassical Economics In Disguise? *History of Economic Ideas*, Vol.18, 133-165.

Berger, J., Zelditch, M., Anderson, B., Cohen, B. (1972), Structural Aspects of Distributive Justice: A Status Value Formation. In: Berger, J., Zelditch, M., Anderson, B. (eds.). *Sociological Theories in Progress Vol.2*. Boston: Houghton Mifflin.

Bicchieri, C. (2006), *The Grammar of Society: The Nature and Dynamics of Social Norms*, (1 ed.), New York: Cambridge University Press.

Bicchieri, C. and McNally, P. (2015), Schemata, Scripts, and Social Norms: How Change Occurs. *BeLab Working Paper*. University of Pennsylvania, Philadelphia, PA.

Bicchieri, C. and Xiao, E. (2009), Do The Right Thing: But Only If Others Do So. *Journal of Behavioral Decision Making*, Vol.22, 191-208.

Bies, R., Shapiro, D. (1987), Interactional Fairness Judgements: The Influence of Causal Accounts. *Social Justice Research*, Vol.1(2), 199-218.

Binmore, K. (1998), The Evolution of Fairness Norms. *Rationality and Society*, Vol.10(3), 275-301.

Binmore, K. (2005), *Natural Justice*, (1 ed.), New York: Oxford University Press.

Binmore, K and Samuelson, L. (1994), An Economist's Perspective on the Evolution of Norms. *Journal of Institutional and Theoretical Economics*, Vol.150(1), 45-63.

Bolton, G. E. and Ockenfels, A. (2000), A Theory of Equity, Reciprocity, and Competition. *The American Economic Review*, Vol.90(1), 166-193.

Bolton, G., Warlop, L. and Alba, J. W. (2003), Consumer Perceptions of Price (Un)Fairness. *Journal of Consumer Research*, Vol.29, 474-491.

Bosman, R. and van Winden, F. van (2002), Emotional Hazard in a Power-to-Take Experiment. *The Economic Journal*, Vol.112, 147-169.

Bosman, R., Sutter, M., van Winden, F. (2005), The Impact of Real Effort and Emotions in the Power-to-take Game. *Journal of Economic Psychology*, Vol.26(3), 407-429.

Bower, G. H., Black, J. B. and Turner, T. J. (1979), Scripts in Memory for Text. *Cognitive Psychology*, Vol.11, 177-220.

Bowles, S. (1998), Endogenous Preferences: The Cultural Consequences of Markets and Other Economic Institutions. *Journal of Economic Literature*, Vol.36(1), 75-111.

Bowles, S. and Polanía-Reyes, S. (2012), Economic Incentives and Social Preferences: Substitutes or Complements? *Journal of Economic Literature*, Vol.50(2), 368-425.

Brosnan, S. (2007), Fairness and Other-Regarding Preferences in Nonhuman Primates. In: Zak, P. (ed.). *Moral Markets: The Critical Role of Values in the Economy*. Princeton University Press.

Charness, G. and Rabin, M. (2002), Understanding Social Preferences With Simple Tests. *The Quarterly Journal of Economics*, Vol.117(3) , 817-869.

Clavien, C. and Klein, R. (2010), Eager for Fairness or for Revenge? Psychological Altruism in Economics. *Economics and Philosophy*, Vol.26, 267-290.

Conlin, M., Lynn, M. and O'Donoghue T. (2003), The Norm of Restaurant Tipping. *Journal of Economic Behavior and Organization*, Vol.52, 297-321.

Cropanzano, R., Byrne, Z., Bobocel, D., Rupp, D. (2001), Moral Virtues, Fairness Heuristics, Social Entities, And Other Denizens of Organizational Justice. *Journal of Vocational Behavior*, Vol.58, 164-209.

Croson, R. and Gneezy U. (2009), Gender Differences in Preferences. *Journal of Economic Literature*, Vol.47(2), 448-474.

Damásio, A. (1994), *Descartes' Error: Emotion, Reason, And The Human Brain*, New York: Avon Books.

Danner, U., Aarts, H., Vries, N. (2008), Habit vs. Intention in The Prediction of Future Behaviour: The Role of Frequency, Context Stability and Mental Accessibility of Past Behaviour. *British Journal of Social Psychology*, Vol.47, 245-265.

De Quervain, D., Fischbacher, U., Treyer, V., Schellhamer, M., Schnyder, U., Buck, A. and Fehr, E. (2004), The Neural Basis of Altruistic Punishment. *Science*. Vol.305, 1254-1258.

Dequech, D. (2000), Fundamental Uncertainty and Ambiguity. *Eastern Economic Journal*, Vol.26(1), 41-60.

Dequech, D. (2007), Neoclassical, Mainstream, Orthodox, and Heterodox Economics. *Journal of Post Keynesian Economics*, Vol.30(2), 279-302.

Dequech, D. (2011a), Uncertainty: A Typology and Refinements of Existing Concepts. *Journal of Economic Issues*, Vol.45(3), 621-640.

Dequech, D. (2011b), Intituições e a Relação Entre Economia e Sociologia. *Revista Estudos Econômicos*, Vol.41(3), 599-619.

Dequech, D. (2013), Economic Institutions: Explanations for Conformity and Room for Deviation. *Journal of Institutional Economics*, Vol.9(1), 81-108.

Dolan, P., Edlin, R., Tsuchiya, A. and Wailoo, A. It Ain't What You Do, It's The Way That You Do It: Characteristics of Procedural Justice and Their Importance in Social Decision-Making. *Journal of Economic Behavior & Organization*, Vol.64, 157-170.

Dopfer, K. (2001), Evolutionary Economics – Framework for Analysis. In: Dopfer, K. (ed.), *Evolutionary Economics: Program and Scope*, New York: Springer Science & Business Media.

Dopfer, K. (2005), Evolutionary Economics: A Theoretical Framework. In: Dopfer, K. (ed.), *The Evolutionary Foundations of Economics,* Cambridge: Cambridge University Press.

Dowell, R., Goldfarb, R., Griffith, W. (1998), Economic Man as a Moral Individual, *Economic Inquiry*, Vol.36, 645-653.

Eckel, C. C., Grossman, P. J. (1996), The Relative Price of Fairness: Gender Differences in a Punishment Game, *Journal of Economic Behavior & Organization*, Vol.30, 143-158.

Elster, J. (2006), Fairness and Norms, *Social Research*, Vol.73(2), 365-376.

Epstein, S. (1994), Integration of the Cognitive and the Psychodynamic Unconscious. *American Psychologist*, Vol.49(8), 709-724.

Falk, A. and Fischbacher, U. (2006), A Theory of Reciprocity. *Games and Economic Behavior*, Vol.54, 293-315.

Fehr, E., Kirchsteiger, G. and Riedl, A. (1993), Does Fairness Prevent Market Clearing? An Experimental Investigation. *The Quarterly Journal of Economics*, Vol.148(2), 437-459.

Fehr, E., Schmidt, K. (1999), A Theory of Fairness, Competition, and Cooperation. *The Quarterly Journal of Economics*, Vol.114(3), 817-868.

Festinger, L. (1962), *A Theory of Cognitive Dissonance*, Vol.2, Stanford: Stanford University Press.

Fleetwood, S. (2008), Structure, Institution, Agency, Habit and Reflexive Deliberation. *Journal of Institutional Economics*, Vol.4(2), 183-203.

Folger, R. (1977), Distributive and Procedural Justice: Combined Impact of Voice and Improvement on Experienced Inequity. *Journal of Personality and Social Psychology*, Vol.35(2), 108-119.

Forsythe, R., Horowitz, J. L., Savin, N. E. and Sefton, M. (1994), Fairness in Simple Bargaining Experiments. *Games and Economic Behavior*, Vol.6, 347-369.

Frey, B. and Bohnet, I. (1995), Institutions Affect Fairness: Experimental Investigations. *Journal of Institutional and Theoretical Economics*, Vol.151(2), 286-303.

Frey, B. and Pommerehne, W. W. (1993), On The Fairness of Pricing: An Empirical Survey Among the General Population. *Journal of Economic Behavior and Organization*, Vol.20, 295-307.

Frey, B. and Stutzer, A. (2000), Happines, Economy and Institutions. *The Economic Journal*, Vol.110, 918-938.

Frey, B., Benz, M. and Stutzer, A. (2004), Introducing Procedural Utility: Not Only What, But Also How Matters. *Journal of Institutional and Theoretical Economics*, Vol.160, 377-401.

Gee, L., Migueis, M., Parsa, S. (2017), Redistributive Choices and Increasing Income Inequality: Experimental Evidence for Income as a Signal of Deservingness. *Experimental Economics*, 1-30.

Gibbons, R. (1992), *Game Theory for Applied Economists*, (1 ed.), Princeton: Princeton University Press.

Gigerenzer, G. (2002), The Adaptive Toolbox. In: Gigerenzer, G., Selten, R. (eds.), *Bounded Rationality: The Adaptive Toolbox*, MIT Press.

Gigerenzer, G. (2015), On The Supposed Evidence For Libertarian Paternalism. *Review of Philosophy and Psychology*, Vol.6(3), 361-383.

Gigerenzer, G., Brighton, H. (2009), Homo Heuristicus: Why Biased Minds Make Better Inferences. *Topics in Cognitive Science*, Vol.1, 107-143.

Gray, J. (1990), Brain Systems That Mediate Both Emotion and Cognition. *Cognition and Emotion*, Vol.4(3), 269-288.

Güth, W. and Van Damme, E. (1998), Information, Strategic Behavior, and Fairness in Ultimatum Bargaining: An Experimental Study. *Journal of Mathematical Psychology*, Vol.42, 227-247.

Güth, W., Schmittberger, R. and Schwarze, B (1982), An Experimental Analysis of Ultimatum Bargaining. *Journal of Economic Behavior and Organization*, Vol.3, 367-388.

Hargreaves-Heap, S. and Varoufakis, Y. (2002), Some Experimental Evidence On the Evolution of Discrimination, Co-Operation and Perceptions of Fairness. *The Economic Journal*, Vol.112, 679-703.

Haselhuhn, M., Mellers, B. (2005), Emotions and Cooperation in Economic Games. *Cognitive Brain Research*, Vol.23, 24-33.

Hausman, D. (2008), Fairness and Social Norms. *Philosophy and Science*, Vol.75(5), 850-860.

Hegtvedt, K., Killian, C. (1999), Fairness and Emotions: Reactions to the Process and Outcomes of Negotiations. *Social Forces*, Vol.78(1), 269-303.

Henrich, J. (2000), Does Culture Matter in Economic Behavior? Ultimatum Game Bargaining Among The Machiguenga of The Peruvian Amazon. *The American Economic Review*, Vol.90, p.973-979.

Henrich, J., Boyd, R., Bowles, S., Camerer, C., Fehr, E., Gintis, H., McElreath, R. (2001), In Search of Homo Economicus: Behavioral Experiments in 15 Small-Scale Societies. *The American Economic Review*, Vol.91(2), p.73-78.

Herrmann-Pillath, C. (2001), On The Ontological Foundations of Evolutionary Economics. In: Dopfer, K. (ed.), *Evolutionary Economics: Program and Scope*, New York: Springer Science & Business Media.

Hirshleifer, J. (1993), The Affections and The Passions: Their Economic Logic. *Rationality and Society*, Vol.5(2), 185-202.

Hodgson, G. (1997), The Ubiquity of Habits and Rules. *Cambridge Journal of Economics*, Vol.21, 663-684.

Hofstede, G. (1991), *Cultures and Organizations: Softwares of the Mind.* New York: McGraw-Hill.

Inglehart, R. (2000), Culture and Democracy. In: Harrison, L., Huntington, S. (eds.), *Culture Matters: How Values Shape Human Progress*, New York: Basic Books.

Jakiela, P. (2011), Social Preferences and Fairness Norms as Informal Institutions: Experimental Evidence. *The American Economic Review*, Vol.101(3), p.509-513.

Johnson, E. and Tversky, A. (1983), Affect, Generalization, and the Perception of Risk. *Journal of Personality and Social Psychology*, Vol.45(1), 20-31.

Kagel, J., Wolfe, K. (2001), Tests of Fairness Models Based on Equity Considerations in a Three-Person Ultimatum Game. *Experimental Economics*, Vol.4, 203-219.

Kahneman, D. (2012), *Rápido e Devagar: Duas Formas de Pensar*, (1 ed.), Rio de Janeiro: Objetiva.

Kahneman, D., Knetsch J. L., and Thaler, R. (1986), Fairness as a Constraint on Profit Seeking: entitlements in the market. *The American Economic Review* 76(4), 728-741.

Kahneman, D., Tversky, A. (1973.a), On The Psychology of Prediction. *Psychological Review*, Vol.80(4), 237-251.

Kahneman, D., Tversky, A. (1973.b), Availability: A Heuristic For Judging Frequency and Probability. *Cognitive Psychology*, Vol.5, 207-232.

Kahneman, D., Tversky, A. (1974), Judgment Under Uncertainty: Heuristics and Biases. *Science*, Vol.185, 1124-1131.

Kaufman, B. (2006), Integrating Emotions Into Economic Theory. In: Altman, M. (ed.), *Handbook of Contemporary Behavioral Economics: Foundations and Developments*, New York: M.E. Sharpe.

Konow, J. (1996), A Positive Theory of Economic Fairness. *Journal of Economic Behavior and Organization*, Vol.31, 13-35.

Konow, J. (2003), Which Is the Fairest One of All? A Positive Analysis of Justice Theories. *Journal of Economic Literature*, Vol.41(4), 1188-1239.

Lamba, S., Mace, R. (2013), The Evolution of Fairness: explaining variation in bargaining behaviour. *Proceedings of The Royal Society B*, Vol.280, 1-8.

LeDoux, J. (1984), Cognition and Emotion: Processing Functions and Brains Systems. In: Gazzaniga, M. (ed.), *Handbook of Cognitive Neuroscience*, New York: Plenum Press.

Lerner, J., Keltner, D. (2000), Beyond Valence: Toward a Model of Emotion-specific Influences on Judgement and Choice. *Cognition and Emotion*, Vol.14(4), 473-493.

Leventhal, H., Scherer, K. (1987), The Relantionship of EmotIon to Cognition: A Functional Approach to a Semantic Controversy. *Cognition and Emotion*, Vol.1, 3-28.

Levine, D. K. (1998), Modeling Altruism and Spitefulness in Experiments. *Review of Economic Dynamics*, Vol.1, 593-622.

Levitt, S. and List, J. (2007a), Viewpoint: On The Generalizability of Lab Behaviour to the Field. *Canadian Journal of Economics*, Vol.40(2), 347-370.

Levitt, S., List, J. (2007b), What Do Laboratory Experiments Measuring Social Preferences Reveal Abut the Real World? *The Journal of Economic Perspectives*. Vol.21(2), 153-174.

Liberman, V., Samuels, S., Ross, L. (2004), The Name of The Game: Predictive Power of Reputations Versus Situational Labels in Determining Prisioner's Dilemma Game Moves. *Personality and Social Psychology Bulletin*, Vol.30(9), 1175-1185.

Lind, E. (2001), Fairness Heuristic Theory: Justice Judgments as Pivotal Cognitions in Organizational Relations. In: Greenberg, J. and Cropanzano, R. (eds.), *Advances in Organizational Justice*, Stanford: Stanford University Press.

List, J. (2007), On the Interpretation of Giving in Dictator Games, *Journal of Political Economy*, Vol.115(3), 482-493.

Louis, M., Sutton, R. (1991), Switching Cognitive Gears: From Habits of Mind to Active Thinking. *Human Relations*, Vol.44(1), 55-76.

Marchetti, A., Castelli, I., Harlé, K., Sanfey, A. (2011), Expectations and Outcome: The Role of Proposer Features in the Ultimatum Game. *Journal of Economic Psychology*, Vol.32, 446-449.

McClure, S., Botvinick, M., Yeung, N., Greene, J., Cohen, J. (2007), Conflict Monitoring in Cognition-Emotion

Competition. In: Gross, J. (ed.), *Handbook of Emotion Regulation*, New York: The Guilford Press.

Michaelson, Z. (2015), Biases in Choices About Fairness: Psychology and Economic Inequalitiy. *Judgement and Decision Making.* Vol.10(2), 198-203.

Molm, L., Collet, J., Schaefer, D. (2006), Conflict and Fairness in Social Exchange. *Social Forces*, Vol.84(4), 2331-2352.

Nash Jr, J. F. (1950), The Bargaining Problem. *Econometrica*, Vol.18(2), 155-162.

Nelson Jr, W. R. (2001), Incorporating Fairness into Game Theory and Economics: Comment. *The American Economic Review*, Vol.91(4), 1180-1183.

Nichols, S. (2010), Emotions, Norms, and the Genealogy of Fairness. *Politics, Philosophy and Economics*, Vol.9(1), 1-22.

Oishi, S., Kesebir, S., Diener, E. (2011), Income Inequality and Happiness. *Psychological Science*, Vol.22(9), 1095-1100.

Olson, K., Spelke, E. (2008), Foundations of Cooperation in Young Children. *Cognition*, Vol.108, 222-231.

Oosterbeek, H., Sloof, R., van de Kuilen, G. (2004), Cultural Differences in Ultimatum Game Experiments: Evidence from a Meta-Analysis. *Experimental Economics*, Vol.7, 171-188.

Ouellette, J., Wood, W. (1998), Habit and Intention in Everyday Life: The Multiple Processes by Which Past Behavior Predicts Future Behavior. *Psychological Bulletin*, Vol.124(1), 57-74.

Pillutla, M., Murnighan, J. (1996), Unfairness, Anger, and Spite: Emotion Rejections of Ultimatum Offers. *Organizational Behavior and Human Decision Processes*, Vol.68(3), 208-224.

Qin, X., Ren, R., Zhang, Z.X., Johnson, R. (2015), Fairness Heuristic and Substitutability Effects: Inferring the Fairness of Outcomes, Procedures, and Interpersonal Treatment When Employees Lack Clear Information. *Journal of Applied Psychology*. Vol.100(3), 749-766.

Rabin, M. (1993), Incorporating Fairness Into Game Theory and Economics. *The American Economic Review*, Vol.83(5), 1281-1302.

Rawls, J. (1974), Some Reasons for the Maximin Criterion. *The American Economic Review*, Vol.64(2), 141-146.

Rawls, J. (1999), *A Theory of Justice*, (2 ed.), Cambridge: Belknap Press.

Reuben, E., van Winden, F. (2006b), Negative Reciprocity and The Interaction of Emotions and Fairness Norms. *CESifo Working Paper Series* N°1685. CESifo Group Munich.

Robinson, M., Watkins, E., Harmon-Jones, E. (2013), Cognition and Emotion: An Introduction. In: Robinson, M., Watkins, E., Harmon-Jones, E. (eds.), *Handbook of Cognition and Emotion*, New York: The Guilford Press.

Roth, A. E., Prasnikar, V., Okuno-Fujiwara, M. and Zamir, S. (1991), Bargaining and Market Behavior in Jerusalem, Ljubljana, Pittsburgh and Tokyo: An Experimental Study. *The American Economic Review*, Vol.81(5), 1068-1095.

Ruffle, B. (1999), Gift Giving With Emotions. *Journal of Economic Behavior & Organization*, Vol.39, 399-420.

Sachweh, P. (2011), The Moral Economy of Inequality: Popular Views on Income Differentitation, Poverty and Wealth. *Socio-Economic Review*, Vol.10, 419-445.

Sanfrey, A., Rilling, J., Aronson, J., Nystrom, L. and Cohen, J. (2003), The Neural Basis of Economic Decision-Making in the Ultimatum Game. *Science*. Vol.300, 1755-1758.

Santos, A. (2007), The 'Materials' of Experimental Economics: Technological Versus Behavioral Experiments. *Journal of Economic Methodology*. Vol.14(3), 311-337.

Santos, A. (2009), Behavioral Experiments: How and What Can We Learn About Human Behavior. *Journal of Economic Methodology*. Vol.16, 71-88.

Schafer, M., Haun, D., Tomasello, M. (2015), Fair is Not Fair Everywhere. *Psychological Science*, Vol.26(8), 1252-1260.

Scherer, K. (1986), Vocal Affect Expression: A Review and a Model For Future Research. *Psychological Bulletin*, Vol.99(2), 143-165.

Selten, R. (1978), The Equity Principle in Economic Behavior. In: Gottinger, H. and Leinfellner, W. (eds.), *Decision Theory, Social Ethics, Issues in Social Choice*, Dordrecht: Reidel.

Sen, A. (1977), Rational Fools: A Critique of The Behavioral Foundations of Economic Theory. *Philosophy & Public Affairs*, Vol.6(4), 317-344.

Sen, A. (1985), Goals, Commitment and Identity. *Journal of Law, Economics and Organization*, Vol.1(2), 341-355.

Shepelak, N., Alwin, D. (1986), Beliefs About Inequality and Perceptions of Distributive Justice. *American Sociological Review*, Vol.51, 30-46.

Simon, H. (1955), A Behavioral Model of Rational Choice. *Quarterly Journal of Economics*, Vol.69, 99-118.

Stevens, F., Hurley, R., Taber, K. (2011), Anterior Cingulate Cortex: Unique Role in Cognition and Emotion. *Journal of Neuropsychiatry and Clinical Neurosciences*, Vol.23(2), 120-125.

Sugden, R. (2001), Ken Binmore's Evolutionary Social Theory. *The Economic Journal*, Vol.111, 213-243.

Sugden, R. (2005), *The Economics of Rights, Co-operation and Welfare*, (2 ed.), Hampshire: Palgrave Macmillan.

Thaler, R., Sunstein, C. (2008), *Nudge: Improving Decisions About Health, Wealth, and Happiness*, New Haven: Yale University Press.

Thibault, J., Walker, L., Latour, S., Houlden, P. (1974), Procedural Justice as Fairness. *Stanford Law Revies*, Vol.26(6), 1271-1289.

Tokumaru, N. (2016), *Social Preference, Institution and Distribution*, (1 ed.). Singapura: Springer Singapore.

Tyler, T. (1997), Procedural Fairness and Compliance with the Law. *Swiss Journal of Economics and Statistics*, Vol.133, 219-240.

van Winden, F. (2007), Affect and Fairness in Economics. *Social Justice Research*, Vol.20(1), 35-52.

Varian, H. R. (1976), Two Problems in the Theory of Fairness. *Journal of Public Economics*, Vol.5, 249-260.

Weiss, H., Suckow, K., Cropanzano, R. (1999), Effects of Justice Conditions on Discrete Emotions. *Journal of Applied Psychology*, Vol.84(5), 786-794.

Witt, U. (2001), Evolutionary Economics – An Interpretative Survey. In: Dopfer, K. (ed.), *Evolutionary Economics: Program and Scope*, New York: Springer Science & Business Media.

Witt, U. (2008), What Is Specific About Evolutionary Economics? *Journal of Evolutionary Economics*, Vol.18(5), 547-575.

Wright, W. and Bower, G. (1992), Mood Effects on Subjective Probability Assessment. *Organization Behavior and Human Decision Processes*, Vol.52, 276-291.

Yaari, M. and Bar-Hillel, M. (1984), On Dividing Justly. *Social Choice and Welfare*, Vol.1(1), 1-24.

Young, P. (1996), The Economics of Convention. *The Journal of Economic Perspectives*, Vol.10(2), 105-122.

Zajonc, R. (1980), Feeling and Thinking: Preferences Need No Inferences. *American Psychologist*, Vol.35(2), 151-175.

Zeelenberg, M., van Dijk, W., Manstead, A., Pligt, J. (2000), On Bad Decisions and Disconfirmed Expectancies: The Psychology of Regret and Disappointment. *Cognition and Emotion*, Vol.14(4), 521-541.

# SOBRE O AUTOR

Oz Iazdi é bacharel em ciências econômicas pela PUC-Campinas, mestre em economia pela Escola de Economia de São Paulo (FGV) e doutor em ciências econômicas pela Unicamp. Atualmente, leciona a disciplina de História do Pensamento Econômico no curso de ciências econômicas da Universidade Estadual de Londrina. Tem dedicado seu tempo de pesquisa ao estudo das percepções de justiça e às teorias de justiça distributiva, sempre buscando uma abordagem interdisciplinar sobre esses temas. Outros interesses de pesquisa incluem o estudo da Economia Solidária e o pensamento institucionalista de Thorstein Veblen.